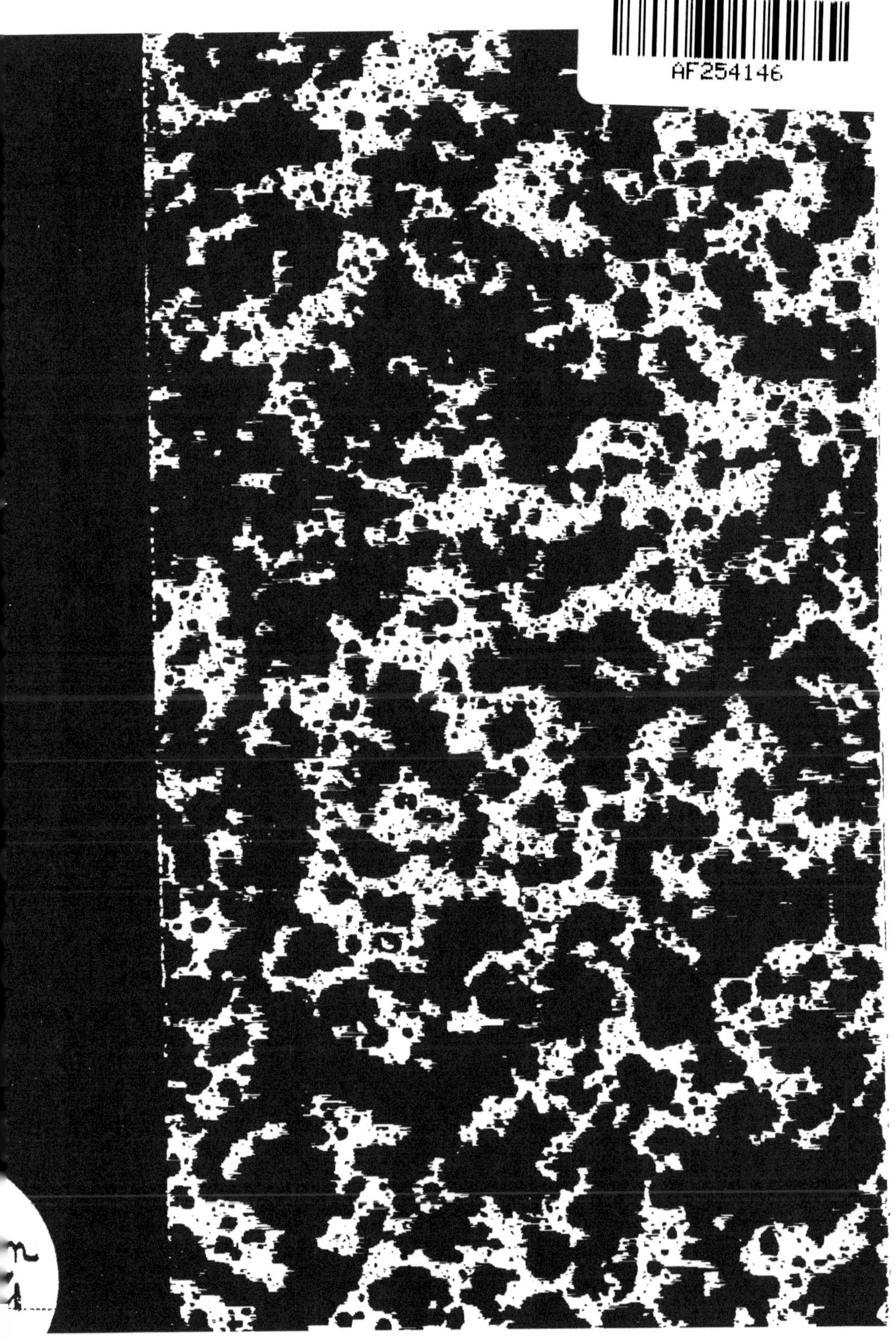

VIE

DE LA MÈRE

MARIE-MARGUERITE DE JÉSUS

GIBALIN DE VILLARD.

PROPRIÉTÉ.

—

Charles Douniol

VIE

DE LA RÉVÉRENDE MÈRE

MARIE-MARGUERITE

DE JÉSUS

GIBALIN DE VILLARD

PREMIÈRE RELIGIEUSE ET PREMIÈRE SUPÉRIEURE
DE LA PLUS ANCIENNE MAISON DU VERBE-INCARNÉ ;

SUIVIE D'UNE

NOTICE SUR LA MÈRE MARIE-HÉLÈNE DE JÉSUS, SA SŒUR,
première supérieure à Lyon ;

PAR L'ABBÉ CHARBONNEL,

chez les Pères de Notre-Dame de Sion ;

OUVRAGE

DÉDIÉ A MONSEIGNEUR DESPREZ, ARCHEVÊQUE DE TOULOUSE,
ET REVÊTU DE SON APPROBATION.

PARIS

CHARLES DOUNIOL, LIBRAIRE-ÉDITEUR,
29, RUE DE TOURNON, 29.

1865

ÉPITRE DÉDICATOIRE.

Monseigneur,

Il m'est tombé entre les mains une vie manuscrite de
la Révérende Mère Marie-Marguerite de Jésus, de l'ordre
du Verbe-Incarné. Elle surabonde en traits touchants, où
l'on voit jusqu'à quel degré d'héroïsme cette sainte religieuse a pratiqué toute sorte de vertus, et avec quelle ama-
bilité Dieu traite les grandes âmes qui le servent avec
un cœur pur et généreux. J'ai cru pouvoir en faire un
livre capable d'inspirer aux personnes pieuses une sainte
émulation.

Mais, après avoir fait tout ce qui a dépendu de moi
pour retirer de dessous le boisseau cette lumière précieuse, il me faut, Monseigneur, non-seulement une approbation, comme les règlements ecclésiastiques le pres-
crivent en pareil cas, mais encore un patronage recom-
mandable qui vienne suppléer à mon indignité et à ma
bassesse. J'ose donc recourir à Votre Grandeur. Je la
supplie de vouloir bien d'abord me faire signaler tout ce
que mon travail pourra contenir de repréhensible, et

puis me permettre de lui faire hommage de mon livre
et de le publier sous ses auspices. Cette dernière faveur,
je l'attends avec confiance. J'y suis encouragé par l'accueil
que Votre Grandeur a daigné faire à mon *Origine de
l'Église de Mende*, et par cette bienveillance qui l'a portée
à m'envoyer le plus précieux de tous les dons, une par-
celle des reliques de saint Martial. J'ai un autre excellent motif d'espérer : la vénérable religieuse dont j'ai re-
tracé la vie appartient à l'ordre du *Verbe-Incarné*. Or, cette
estimable Société, naguère en grande partie sous votre
houlette pastorale, occupe toujours, je le sais, une grande
place dans votre cœur si paternel. Pour essuyer les larmes
amères de ses filles bien-aimées, Votre Grandeur leur a
promis de ne jamais les oublier. Elle saisira donc avec
plaisir, j'en suis sûr, cette belle occasion de leur prouver
une fois de plus toute la tendresse de ses saintes affections.

J'ai l'honneur d'être, avec une vénération profonde,

Monseigneur,

de Votre Grandeur le serviteur très-humble,

L'abbé J. Charbonnel.

Paris, le 1er septembre 1864.

APPROBATION

DE

MONSEIGNEUR L'ARCHEVÊQUE DE TOULOUSE.

Nous nous sommes fait rendre compte d'un manuscrit ayant pour titre : *Vie de la Révérende Mère Marie-Marguerite de Jésus Gibalin de Villard*, première religieuse et première supérieure de la plus ancienne maison du Verbe-Incarné. Cette vie est accompagnée de celle de la *Révérende Mère Marie-Hélène de Jésus Gibalin de Villard*, sœur de la Révérende Mère Marie-Marguerite et première supérieure du monastère du même ordre, à Lyon.

D'après le rapport qui nous a été fait de cet ouvrage, et sans nous prononcer sur les faits extraordinaires qu'il contient, nous l'approuvons avec plaisir, comme propre à nourrir et à fortifier la piété des fidèles.

† FLORIAN, archevêque de Toulouse.

Place du sceau.

Toulouse, le 21 novembre 1864.

PROTESTATION DE L'AUTEUR.

Dans tous les faits que nous rapportons, et dans les
qualifications que, afin de mieux rendre notre pensée,
nous nous sommes permis de donner aux personnages
dont il est question dans ce livre, nous n'avons prétendu
nous écarter en rien des décrets du pape Urbain VIII;
nous reconnaissons qu'à la sainte Église romaine seule
appartient le droit de constater la sainteté et les miracles,
et nous nous soumettons à son jugement avec tout le
respect du fils le plus obéissant.

L'abbé J. CHARBONNEL.

PRÉFACE.

Le Gévaudan peut à bon droit être fier d'avoir donné naissance à la Révérende Mère *Marie-Marguerite de Jésus Gibalin de Villard*. Non seulement cette sainte fille a été appelée à une mission sublime, mais encore elle s'en est acquittée avec une fidélité héroïque et comparable à celle de beaucoup d'autres vierges chrétiennes dont l'histoire ecclésiastique nous retrace les vertus.

Pour se convaincre de l'authenticité de la vie que nous publions, il suffirait à tout lecteur bien disposé d'en voir le bel et édifiant ensemble. Il porte tous les caractères d'une relation véridique.

La vie manuscrite de la Révérende Mère Marie-Marguerite se trouve encore à Azerables (diocèse de Limoges), où l'ordre a été rétabli après la révolution. Il en existe aussi une copie exacte dans la famille des arrière-petits-neveux de notre Révérende Mère.

La vie que le P. Louvreleuil, de la *Doctrine*

chrétienne et professeur au séminaire de Mende,
a publiée en 1713, est revêtue de l'approbation
de deux théologiens et du supérieur de sa Société,
ainsi que de l'*imprimatur* d'un vicaire-général
d'Avignon et d'un religieux Dominicain, exerçant les fonctions d'Inquisiteur dans le Comtat-
Venaissin. Cet auteur a gardé le silence sur la
plupart des grâces accordées à la Révérende
Mère Marie-Marguerite. Il a cependant reconnu
l'existence de ces faits surnaturels, car, dans son
introduction, il avoue qu'il les a omis à dessein.

Il a cru en cela devoir céder aux exigences
d'une époque qui sacrifiait sans pitié les légendes
et les faits miraculeux; et, d'un autre côté, il a
craint que l'on ne confondît les prodiges qu'il
aurait rapportés dans son livre avec les préten-
dus miracles des Jansénistes.

Il nous eût été bien plus commode de n'avoir
qu'à reproduire le travail du P. Louvreleuil.
Mais l'auteur y est, comme dans ses autres ouvra-
ges, d'un style suranné et tout à fait incorrect.

L'ancienne vie manuscrite, qui fait le fond de
celle-ci, a été pour ainsi dire composée sous la dic-
tée de la Révérende Mère Marie-Maguerite, à qui
les directeurs de sa conscience avaient prescrit,
en vertu de la sainte obéissance, de communiquer
à une de ses filles spirituelles tous les détails que

sa mémoire pourrait lui fournir. On y a joint ensuite quelques faits et des circonstances dont les religieuses d'Avignon et des personnes graves du dehors avaient été les témoins oculaires.

Le grand nombre de visions et de révélations qu'on va lire pourront peut-être choquer certains esprits qui se piquent de n'être pas crédules; d'un autre côté, plusieurs personnes, quoique mieux disposées, seront sans doute tentées de suspecter les admirables faveurs que l'illustre servante de Dieu a reçues du ciel, parce qu'on n'a pu les connaître que de sa propre bouche. Mais, outre que ces visions et ces révélations ne contiennent rien d'opposé à l'esprit de Dieu, rien de contraire à la foi et aux mœurs, il suffit, pour que nous puissions les admettre et en parler publiquement, de savoir que celle qui en a été l'objet ne les a avouées que lorsque l'obéissance lui en a fait un devoir rigoureux; qu'elle a été d'une vertu assez éclairée pour n'être pas séduite, et assez solide pour n'avoir pas voulu nous tromper.

Les aveux, arrachés par l'obéissance à la Mère de Villard, ne sont pas sans exemple dans les annales de l'Église. Dans le livre de ses *Confessions*, saint Augustin nous apprend ce qu'il y a eu de plus remarquable dans sa vie. Nous saurions bien peu de chose de celle de saint Jérôme, si, dans ses

lettres, il n'avait pas parlé de ses travaux, de ses
veilles, de ses jeûnes, de ses pénitences et de ses
tentations. Sainte Gertrude nous a fait connaître
les tendres affections de son cœur envers Jésus-
Christ et les faveurs admirables dont le divin Maître
l'a comblée à son tour. Sainte Thérèse a donné dans
ses œuvres une entière connaissance de sa vie.
L'apôtre saint Paul lui-même nous a instruits du
lieu de sa naissance, de son éducation, de sa conversion, de ses fatigues, de ses voyages, de ses
tribulations, de ses priviléges et de ses révélations.
En un mot, nous voyons dans les vies des saints
une infinité de choses que l'on n'a pu savoir que
par l'aveu qu'ils en ont fait eux-mêmes.

Pour faire ressortir toute la valeur d'une lettre
qu'on lira au IIe chapitre de la IVe partie, nous
mettons ici ce que nous avons trouvé sur le
compte du R. P. Gibalin de Villard :

« GIBALINUS, théologien français, né en 1592,
« entra en religion, l'an 1607 et mourut à Lyon,
le 14 décembre 1671. Ce Père enseigna pendant
« six ans la philosophie, et pendant dix-huit ans
« la théologie, gouverna le collége et le noviciat
« de Lyon, donna à quelques communautés reli-
« gieuses des règles qui furent approuvées par
« le Saint-Siége et se fit une grande réputation
« de science et de vertu. »

OUVRAGES DU R. P. JOSEPH GIBALIN DE VILLARD.

1° *Dispositiones canonicæ de clausura regulari, ex veteri et novo jure.* 1648. in-4°. 457 pag.

2° *De irregularitatibus et impedimentis canonicis sacrorum ordinum susceptionem et usum prohibentibus Liber singularis.* 1652. in-4°. 425 pag. à 2 col.

3° *Disquisitiones canonicæ et theologicæ de sacra juridictione in ferendis pœnis et censuris ecclesiasticis, ex veteri et novo jure.* 1655. in-fol. 491 pag. à **2** col.

4° *De usuris, commerciis, deque æquitate et usu fori lugdunensis tractatio, ex jure naturali, ecclesiastico et civili, romano et gallico.* Pars i. 1656. in-fol. 495. pag. à 2 col. Pars ii. 1657, 404 pag. à **2** col.

5° *De simonia universa Tractatio theologica et canonica.* 1659, in-4°. 462 pag.

6° *De universa rerum humanarum negotiatione Tractatio scientifica, ex jure naturali, ecclesiastico et civili, romano et gallico.* 1663 in-fol. 2 vol. 1386 pag. à 2 col.

7° Sententia canonica et hieropolitica.

Opus novum in tres tomos partitum : in quo singula, quæ toto corpore juris pontificii sparsa sunt, ad certa et indubitata principia reducuntur, et ex illis innumeræ questiones, ad forum, tum internum, tum externum pertinentes, facile et solide, quamvis non semper ex vulgi sensu, explicantur; privati Galliæ mores ac jura cum romanis conciliantur; universa denique moralis theologia, ex certis et constantibus scholasticæ principiis, Patrum sensu et ecclesiasticis legibus docetur. In-folio. Tom. I, 547 pag. Tom. II, 389 pag. Tom. III, 322 pag. (Extrait de l'ouvrage intitulé *Bibliothèque des écrivains de la Compagnie de Jésus,* IIe série, pag. 231.)

Dans la *Bibliotheca* du savant auteur italien *Ferraris* on lit ce qui suit :

« GIBALINUS [1], *Josephus, natione Gallus, patria Gabalitanus,* e societate Jesu, vir inter doctissimos hujus ævi, philosophiam et theologiam docuit. Rexit collegium Lugdunense et domum probationis ibidem. Magnam atque illimem doctrinam qua claruit, purioris vitæ sanctitudine illustravit. Varias sodalitates instituit, reformavit disciplinam plurium ordinum religiosorum. Migravit ad Dominum, Lugduni, 1671. Scripsit : *Disquisitiones canonicas,* etc. »

DÉTAILS SUR L'ORDRE DU VERBE-INCARNÉ.

I

La personne dont Dieu s'est servi pour donner à son Église l'ordre précieux du Verbe-Incarné a été Jeanne-Marie Chezard de Matel [2], née en 1596, d'une famille noble de Roanne (Loire).

---

[1] GIBALIN, *Joseph,* de la Compagnie de Jésus, naquit en France et dans le Gévaudan *(diocèse de Mende).* C'était un des plus savants hommes de son époque. Il enseigna la philosophie et la théologie. Il exerça la fonction de recteur au collége de Lyon, ainsi que dans la maison de probation de cette ville. Célèbre par l'étendue de sa science et l'exactitude de sa doctrine, il le fut encore plus par la sainteté de sa vie. Diverses congrégations lui durent leur existence, et il rétablit la discipline dans plusieurs maisons religieuses. Ce fut à Lyon, et en 1671, que son âme s'envola vers le Seigneur.

[2] La vie de cette Révérende Mère, par le prince Augustin

Ce fut en 1625 que cette illustre servante de Dieu jeta, à Lyon, les premiers fondements de sa Société. Cependant, le nouvel institut ne fut approuvé par le Saint-Siége qu'en 1633, et il ne put s'établir régulièrement qu'en 1639, dans la ville d'Avignon.

Quatre ans après la fondation de ce premier monastère, il fut permis à la mère de Matel d'en ouvrir deux autres, l'un à Grenoble et l'autre à Paris. Quant à la maison de Lyon, qui était comme le berceau de l'ordre, elle ne fut convertie en monastère qu'en 1661. Dans la suite, ce dernier établissement donna naissance à ceux de Roquemaure et d'Anduze (Gard). Celui de Paris se maintint pendant vingt-sept ans seulement.

Victime de la fureur des impies en 1793, l'ordre a repris naissance dans le diocèse de Limoges, quand la paix a été rendue à l'Église. Le petit bourg d'Azerables (Creuse) lui a servi de second berceau, et il y a été enfin rétabli sur son ancien pied, en 1816. Aujourd'hui il compte dix établissements, qui sont : dans le diocèse de Limoges, Azerables , Évaux , Châtelus et Grandbourg (Creuse), Saint-Yrieix et Saint Junien (Haute-

Galitzin, se trouve chez Douniol, libraire, 29, rue de Tournon, à Paris.

Vienne); dans le diocèse de Bourges, Saint-Benoît-du-Sault (Indre); dans le diocèse de Lyon, Lyon et Belmont (Loire). La dixième maison est à Brunsville, dans le Texas, qui est une province des États-Unis de l'Amérique du Nord.

Le monastère d'Azerables figure ici en première ligne, parce qu'il a été le second berceau de l'ordre; que tous les autres établissements en ont tiré leur origine et que l'on y possède les précieux restes de la Fondatrice, la Révérende Mère de Matel.

II

Notre-Seigneur Jésus-Christ dit un jour à la Mère de Matel :

« Ma fille, je suis la vérité infaillible, je tien-
« drai toutes mes promesses. Le nom que tu me
« demandes pour ton ordre, est celui de *Verbe-*
« *Incarné*. Ce nom comprend avec éminence et
« par excellence tout ce qui est de moi en tant
« que Verbe incréé et Verbe incarné. En ce nom
« tu auras tout : qui a le tout, a les parties. Je
« t'assure, ma fille, que ce nom te sera donné
« sans contradiction pour mon ordre. C'est moi,
« ma très-chère, qui lui donne ce nom glorieux.
« J'ai été et je suis dès l'Éternité le Verbe incréé
« et je serai éternellement le Verbe incarné. C'est

« le nom que moi-même, qui suis le Seigneur, je
« t'ai donné. Ce nom renferme ce que ma bonté
« et ma puissance ont opéré de prodiges durant
« ma vie mortelle, et il te donnera tous les avan-
« tages qu'il te promet. »

III

Dans la bulle d'érection, le pape Urbain VIII remarque, parmi les principales fins de l'ordre du Verbe-Incarné :

1° « L'*accroissement du culte divin*, qui se fait par l'établissement de ce nouvel ordre, lequel fournit à plusieurs âmes le moyen de se retirer des vanités du monde et de se consacrer entièrement au service de leur Créateur.

2° « L'*utilité qui en revient au public*, par l'instruction de la jeunesse, à laquelle cette congrégation s'est particulièrement dévouée, et surtout des jeunes personnes qui, par leur propre volonté, l'inspiration du Saint-Esprit ou la piété de leurs parents, sont destinées à être religieuses ; de sorte que cet institut prépare des Épouses au Roi leur Époux ; qu'il est comme la pépinière des autres religions. Cette congrégation embrasse aussi avec un grand zèle la conversion des pécheurs, tâchant de la procurer

par toute sorte de prières, d'oraisons et de mortifications.

3° « Un *spécial hommage rendu au Saint-Sacrement de l'autel*, tant pour reconnaître les faveurs qu'il a accordées à une infinité d'âmes que
pour le dédommager des indignes traitements
qu'il reçoit des ennemis de la foi et même des
mauvais chrétiens.

4° « Le *culte de la très-sainte Vierge Marie,
Mère de Dieu*, que cette congrégation se propose
d'étendre et d'accroître par toutes les voies possibles, faisant tous ses efforts pour que le mystère de l'Immaculée-Conception soit en honneur
et en vénération parmi le peuple chrétien. »

IV

« L'esprit de l'ordre du Verbe-Incarné, dit la
révérende mère de Matel, doit-être l'innocence,
la charité et une parfaite imitation des vertus que
Notre-Seigneur Jésus-Christ a pratiquées sur la
terre, surtout de son humilité, de son amour, de
son obéissance, en mourant pour tous les hommes.
Quand ce divin Sauveur eut rendu son âme à son
Père, son amour, étant plus fort que la mort, fit
sortir le sang qui était auprès de son cœur. C'est
de ce sang cordial que les filles du Verbe-Incarné

sont nées. Comme étant des dernières venues dans l'Église de Dieu, elles doivent être les plus ferventes, humbles et fidèles à leur vocation, imitatrices de la mortification de leur divin Époux, qui est un Époux de sang. Si elles ne peuvent répandre le leur pour son nom, elles doivent au moins se consumer par la charité ardente du feu que Notre-Seigneur est venu allumer sur la terre. L'une des principales dispositions que le Verbe Incarné demande aux filles qui doivent entrer dans son ordre, c'est d'y venir par amour, disposées à se dénuer de tout, et à être de continuels holocaustes par amour pour Celui qui l'a été pour elles. Cet institut est doux, la règle de saint Augustin qu'on y observe n'étant pas austère. C'est pourquoi il ne faut pas de grandes forces corporelles pour y être admise, les fonctions qu'on y exerce étant plus relevées par leur fin qu'elles ne sont fatigantes pour le corps. Les infirmes, ne pouvant vaquer à l'instruction de la jeunesse, n'y sont pas reçues facilement; mais, quand elles y sont, on exerce la charité envers elles en les servant, et elles acquièrent des mérites en souffrant avec patience. »

V

« La *Robe blanche* des religieuses du Verbe-Incarné représente celle dont Notre-Seigneur fut revêtu chez Hérode par moquerie. »

« Le *Manteau rouge* rappelle le lambeau de pourpre qu'on lui jeta sur les épaules en signe d'une royauté dérisoire. »

« Le *Scapulaire rouge* signifie la croix teinte de son sang précieux. »

« La *Couronne d'épines*, brodée en soie bleue sur la partie du scapulaire qui correspond à la poitrine, et où se trouve aussi le nom de Jésus avec un cœur surmonté de trois clous, est en mémoire de celle dont le chef adorable du divin Époux fut si cruellement percé. »

« *La Ceinture rouge et pendant du côté gauche jusqu'aux pieds*, est tout à la fois pour honorer les liens du Sauveur, qui, n'ayant pas été retrouvés, sont privés des hommages rendus aux autres instruments de la Passion, et le sang précieux qui coula de son cœur par l'ouverture de la lance. »

« Enfin les *Souliers rouges* sont pour signifier les pieds du Sauveur rougis du sang précieux qui découla de son corps adorable, depuis le Prétoire jusqu'au Calvaire et sur la Croix. »

VIE

DE LA MÈRE

MARIE-MARGUERITE DE JÉSUS

GIBALIN DE VILLARD.

PREMIÈRE PARTIE.

CHAPITRE I.

Pays, lieu et temps de sa naissance.

Dans le midi de la France, et en grande partie sur le versant occidental de la chaîne des Cévennes, il est une petite contrée, connue jadis sous le nom de Gévaudan et de diocèse de Mende, et formant aujourd'hui le département de la Lozère.

Au nord du département, la Truyère, l'une des sept principales rivières qui s'en échappent, baigne les murs d'une petite ville que l'on appelle *le Malzieu*. Ce lieu a été depuis plusieurs siècles l'un des plus importants du pays. Il y avait jadis une collégiale, composée d'un doyen, d'un sacristain-curé, de dix chanoines et de quatre prébendés. Elle était sous l'invocation de saint Hippolyte, martyr. Elle eut beaucoup à souffrir durant les guerres des protestants. Ce n'est aujourd'hui qu'une cure de seconde classe, servie par un curé et deux vicaires, qui sont secondés, pour l'instruction de la jeunesse, par des Frères des Écoles chrétiennes et par des Dames de la Présentation.

C'est au Malzieu que prit naissance Marie-Marguerite Gibalin de Villard, d'une famille dont la noblesse était ancienne, et qui était renommée par ses vertus. Son père s'appelait Balthazar Gibalin de Villard. Après avoir servi dans les armées du roi, où il s'était distingué par sa valeur, il se retira dans la maison paternelle, et fut nommé gouverneur de la ville du Malzieu.

Son frère Joseph entra dans la compagnie de Jésus [1].

La mère de Marie-Marguerite s'appelait Louise de Langlade. Elle était issue d'une des meilleures maisons de la ville de Saugues. La famille des de Langlade était alliée à celle des comtes du Chayla, l'une des plus florissantes et des plus riches de la contrée. Quelque temps après, cette dernière maison donna naissance à un ecclésiastique qui lui a procuré un bien vif éclat en même temps qu'il a fait la gloire de l'Église de Mende.

---

[1] Voir ce qu'il en est dit dans la Préface.

Nous voulons parler de l'abbé du Chayla. Enflammé du zèle qui fait les apôtres, ce saint prêtre était allé dans le royaume de Siam, prêcher l'Évangile aux idolâtres, mais sa santé ne lui permit pas d'y rester. Il rentra dans sa patrie et dans son diocèse, et Mgr de Piencourt, évêque de Mende, l'employa dans les missions des Cévennes, où il fit un bien immense, et couronna par un glorieux martyre une vie déjà toute pleine de mérites.

Mme Louise de Villard n'eut de son mariage que cette sainte fille dont nous écrivons la vie, et elle mourut bientôt après l'avoir mise au monde. Elle avait, ainsi que son digne époux, un attachement inviolable à la foi catholique : ce qui est une grande gloire pour eux. Car alors l'hérésie de Calvin, dont les partisans ne se trouvaient que trop nombreux dans le diocèse de Mende, exerçait encore une funeste influence dans tous les environs. La porte de leur maison était ouverte à tous les pauvres, et leur plus grand plaisir était de contribuer au rétablissement de la paix dans les familles divisées. Des époux pareils ne pouvaient donc que produire un fruit de bénédiction.

Marie-Marguerite naquit l'an 1602, un dimanche du mois d'août, qui se trouvait être le jour de l'Assomption de la sainte Vierge. Plus tard, lorsqu'elle pensait à ce jour de sa naissance, elle ne pouvait s'empêcher de croire que Dieu l'avait fait venir au monde en une des plus grandes fêtes de Marie, pour lui donner à comprendre que cette bonne mère l'avait prise sous sa protection d'une manière toute spéciale. Quelque temps après qu'elle eut vu le jour, on crut qu'elle allait mourir. C'est pourquoi on s'empressa de lui administrer le saint baptême, qui sembla lui rendre la santé, tandis qu'il effaçait dans son âme la tache du péché originel.

On lui donna le nom de Marie pour la mettre sous la protection de la Mère de Dieu, dont on célébrait en ce jour le triomphe; et sa marraine voulut qu'on ajoutât à ce nom sacré celui de Marguerite.

CHAPITRE II.

Son éducation et ses qualités naturelles.

Quelque temps après la mort de son épouse, M. de Villard contracta un second mariage avec Mlle Claudine d'Amalzier de Beauregard. Il n'en continua pas moins à porter une tendre affection au fruit béni de sa première union; mais la mère de la défunte, Mme de Langlade, à qui il semblait que sa fille vivait encore en la jeune Marie-Marguerite, ne put se résoudre à la laisser entre les mains d'une belle-mère. Elle fit donc le voyage du Malzieu pour la demander à son père, et après l'avoir obtenue à force d'instances, elle l'emmena avec elle à Saugues, pour s'occuper elle-même de son éducation. Tout le monde approuva sa démarche, et personne ne douta qu'elle ne réussît à former selon son goût une enfant qui montrait les meilleures dispositions. Mais comme c'était une dame du monde, elle n'eut dans son système d'éducation que les vues ordinaires des personnes de cette condition. Elle s'étudia d'abord à lui apprendre à se rendre agréable par des manières affectées. Sous ce rapport, le succès ne tarda pas à répondre à ses soins. Marie-Marguerite était bien faite de corps et d'esprit. Elle avait une taille avantageuse et bien proportionnée, de la vivacité et de la bonne grâce dans son allure. Elle était remarquable par la délicatesse de son teint, ainsi que par l'ensemble et la régularité de ses traits. Un jugement prématuré et au-dessus de son sexe, ainsi qu'une mémoire très-heureuse, la faisaient admirer de tout le monde. Quoiqu'elle fût d'un tempérament de feu, elle était néanmoins prompte à se modérer, se montrant toujours pleine de politesse, de bonté et de douceur. On remarquait en elle, en toute occasion, un penchant extraordinaire pour la libéralité. Quand il fallait obéir, rien ne lui paraissait difficile. Toujours flexible, toujours condescendante, elle ne semblait née que pour s'accommoder à la volonté d'autrui; son âme noble, généreuse, bienfaisante, s'élevait sans cesse au-dessus de son intérêt particulier.

CHAPITRE III.

Sa première vocation au service de Dieu.

Une tante de Marie-Marguerite avait fondé dans la ville de Saugues une maison d'Ursulines, qui ne gardaient point la clôture pour vaquer avec plus de liberté à l'instruction des personnes du sexe. Cette dame leur conduisait quelquefois sa nièce, et ces pieuses filles se faisaient un devoir et un plaisir d'inspirer à cette jeune et aimable enfant toute sorte de bonnes pensées et de saintes instructions. Un jour, l'une d'entre elles, qui était la cousine de Marie-Marguerite, la prenant sur ses genoux, se mit à lui raconter la vie de sainte Fébronie, vierge et martyre. Pendant qu'elle parlait, la grâce agissant de son côté, sa jeune parente conçut intérieurement un vif désir d'imiter cette sainte, c'est-à-dire d'être comme elle vierge et religieuse, et même de terminer sa vie par le martyre. Elle ne savait presque pas ce qu'elle souhaitait et ce qu'elle demandait à Dieu; néanmoins ses vœux avaient toute l'ardeur qu'y aurait mise une personne avancée en âge, et cette résolution ne fut pas en elle un de ces transports passagers, qui se refroidissent peu de temps après le moment qui les a vus naître; mais elle alla se fortifiant davantage de jour en jour.

Une circonstance particulière qu'elle a elle-même racontée vint encore ajouter de nouveaux feux à l'ardeur qui s'était ainsi emparée de son âme. Elle trouva un jour dans une rue un petit livre de sainte Gertrude qui n'avait plus que quelques feuillets. Elle y lut ce que Notre-Seigneur avait dit en faveur de cette bienheureuse vierge : *Qui me voudra trouver sur la terre me trouvera dans le sacrement de l'autel et dans le cœur de Gertrude.* Ces paroles la frappèrent vivement et achevèrent de la confirmer dans la pensée qu'elle avait de renoncer au monde et d'être du nombre des épouses de Jésus-Christ. Elle trouva aussi dans ce livre les deux prières que sainte Gertrude avait coutume de dire fréquemment : « Mon Sauveur Jésus-Christ, par votre douce charité et par votre passion amère, faites-moi la grâce de bien vivre et de bien mourir. » — «Sainte Marie, mère de Jésus, par votre immaculée conception, par votre pureté virginale et par votre divine maternité, accordez-moi, s'il vous plaît, votre protection maintenant et à l'heure de ma mort. »

Ces deux oraisons lui parurent si belles et si propres à intéresser en sa faveur Jésus et son auguste Mère, qu'à partir de ce moment, elle les récita tous les jours de sa vie.

A son retour à la maison, le jour où sa cousine lui avait raconté la vie de sainte Fébronie, elle s'empressa de répéter à son aïeule les plus beaux traits qu'elle avait remarqués dans l'histoire de cette vierge et martyre, et à tout moment elle revenait sur ces paroles : *Les vierges suivent l'Agneau partout où il va ;* car elle avait senti la signification de ces quelques mots, comme elle l'a révélé plus tard. Elle avait compris que cet agneau, c'est Jésus-Christ lui-même, et elle brûlait d'une sainte envie de marcher à la suite de cet aimable maître. Mme de Langlade l'écouta avec admiration, mais non avec plaisir ; c'était même avec du chagrin qu'elle voyait naître dans sa petite-fille une inclination de cette nature.

CHAPITRE IV.

Sa première constance dans la résolution de se consacrer
à Dieu.

Les saintes inspirations de la grâce s'étaient gravées si avant dans le cœur de Marie-Marguerite, que son aïeule avait beau s'y prendre de toutes les manières pour lui faire perdre les beaux sentiments qu'elle avait conçus ; cette sainte enfant était comme sourde à tous les propos qui n'étaient pas conformes à la voix de son Dieu, qu'elle croyait avoir entendue et comprise. Aussi, bien loin de changer d'idées et de rechercher, selon les désirs de son aïeule, les vaines occupations des filles de sa condition et de son âge, elle préférait aller au couvent

des Ursulines. Elle y assistait autant que possible
tous les jours à l'oraison mentale, à l'office, à la
messe, à la lecture spirituelle et autres exercices de
ces religieuses ; elle alla même jusqu'à pratiquer des
mortifications corporelles, comme, par exemple, à se
donner la discipline. Elle se livrait à ces exercices
de pénitence avec une de ses cousines qui était séculière et un peu plus âgée qu'elle. Elle aurait bien
voulu pouvoir exécuter immédiatement sa résolution de se consacrer tout à fait au service de Dieu
et mourir victime de son amour ; mais, comme son
âge ne lui permettait pas d'entrer en religion, et
qu'il n'y avait pour elle aucune occasion de souffrir
le martyre, elle chercha à se consoler de son impuis-
sance, en faisant le vœu de chasteté perpétuelle. Elle
n'avait que dix ans, lorsqu'elle prit ce saint engagement ; cependant elle exécuta cet acte de générosité
avec un courage et une satisfaction qui n'avaient
rien de l'enfance. Ce fut, après cette consécration, une
vierge retenue, modeste et réglée dans toute sa conduite ; on eût dit qu'elle avait fait avec ses yeux le
pacte de Job : elle ne pouvait parler à un homme,
fût-il son proche parent, sans que la rougeur parût
sur son visage ; elle fuyait les regards et la rencontre
des jeunes gens ; en un mot, elle avait un grand éloignement pour toutes les choses nuisibles à la sainte
vertu de pureté, telles que l'oisiveté, la vie molle,
la lecture des livres dangereux, les sociétés mon-
daines, le luxe des habits, les promenades publiques.

A mener une vie déjà si vraiment chrétienne, elle ne pouvait que saisir avec un saint empressement toutes les occasions de satisfaire sa piété qui lui étaient offertes. Aussi, un respectable chanoine du chapitre de Saugues ayant établi une confrérie en l'honneur du très-saint Sacrement, elle fut la première à donner son nom. Ce jour-là même, comme pour lui prouver combien il avait agréé le sacrifice qu'elle lui avait offert depuis peu, le divin époux de son âme lui accorda une faveur signalée.

A la fin d'une procession solennelle, le prêtre permit aux personnes qui y avaient assisté de baiser le pied du saint ciboire. Lorsque le tour de Marie-Marguerite arriva et qu'elle colla ses lèvres sur le vase sacré, elle éprouva quelque chose d'extraordinaire et de surnaturel ; et plus tard elle demeura persuadée que c'était là comme la source de toutes les grâces qu'elle avait reçues depuis.

CHAPITRE V.

Son relâchement dans la vertu.

A la vue de si beaux commencements, ceux qui en étaient les témoins, devaient sans doute s'écrier : Que pensez-vous que sera cette enfant ? La main du Seigneur est visiblement avec elle et il la destine à

devenir une grande sainte. Cependant, dans ses im-
pénétrables desseins, Dieu permit qu'elle tombât dans
le relâchement ; pareille chose est aussi arrivée à
sainte Thérèse, à peu près à cet âge. Il fallait sans
doute cela à Marie-Marguerite pour que dans la suite
elle eût quelques motifs de s'humilier et de s'écrier
avec le saint roi-prophète : En m'humiliant, vous
m'avez fait, Seigneur, une très-grande grâce. *Bo-
num mihi, quia humiliasti me.* Dieu a voulu aussi
par là nous montrer une fois de plus ce que c'est
que l'homme, quand il est abandonné à ses propres forces. Toutefois, il faut convenir que cette
pauvre enfant fut aussi malheureuse que coupable.
Ce fut son aïeule qui l'exposa elle-même au danger de faire un triste naufrage. Mme de Langlade,
qui avait supporté, quoique avec peine, toutes ses
petites dévotions, lorsqu'elle était encore en bas âge,
crut enfin qu'il se faisait temps de la former selon
ses vues. Elle se mit à lui représenter souvent et en
termes exprès qu'il y avait de l'excès dans sa dévotion, que son tempérament était délicat, que Dieu
n'exige rien au delà de nos forces, qu'on peut fort
bien se sauver dans le monde, que sa conduite extraordinaire lui attirait plusieurs railleries, qu'elle
devait garder son rang, savoir paraître dans une société et converser avec les personnes de sa condition, et enfin s'accommoder au goût du siècle en
portant les parures et les ajustements que la mode
exigeait. Mais ses avis et ses remontrances demeu-

raient sans effet auprès de sa petite-fille. Elle crut donc qu'il fallait user d'industrie et faire semblant de se rendre à ses raisons, pour l'empêcher d'en venir à l'exécution de ses pieux desseins. C'est pourquoi elle lui déclara qu'elle voulait la mettre en pension dans un monastère, afin qu'elle y pût s'éprouver et faire son choix avec plus de lumière et de facilité. Marie-Marguerite accepta cette proposition avec joie et sans soupçonner le moins du monde le piége que son aïeule cherchait à lui tendre. Il y avait non loin de Saugues et sur la rivière d'Allier, une maison de Bénédictines, dont les dames, plutôt séculières que religieuses, avaient la réputation d'élever parfaitement bien pour le monde les filles de qualité qu'on leur envoyait en grand nombre du Gévaudan, du Velay et de l'Auvergne. Ce fut là que Mme de Langlade conduisit sa petite-fille, et en l'y introduisant, elle recommanda à la religieuse qui devait être sa maîtresse, de chercher à faire perdre à cette enfant les scrupules dont elle était tourmentée.

Le triste succès que Mme de Langlade s'était promis en plaçant sa petite-fille dans cette maison, ne se fit pas longtemps attendre. Entraînée par l'exemple de ses compagnes, qui étaient presque toutes animées d'un esprit mondain, Marie-Marguerite se laissa bientôt gagner par la tiédeur. Ce ne fut plus au bout de quelque temps cette jeune vierge qui se faisait remarquer par sa réserve dans les conversations, sa modestie dans son maintien et son mépris pour les vanités du monde. Elle n'avait plus la même exactitude à se lever matin, à faire ses prières et ses lectures de piété, à se confesser tous les huit jours. En un mot, se laissant aller à la mollesse, elle ne fut plus réglée dans sa conduite journalière, se contentant de n'être pas vicieuse.

Ce changement causa une grande joie à sa grand' mère, qui, pour la maintenir et la confirmer dans ces dispositions, la rappela à Saugues, après six mois seulement de séjour dans le pensionnat des Bénédictines. Dès lors, cherchant à la produire le plus possible, elle la faisait voir partout et lui faisait tout voir, la prenant avec elle dans les visites et les veillées et se permettant même de la conduire au bal. De son côté, Marie-Marguerite, qui s'était dejà émancipée, se laissant de plus en plus éblouir par les discours et les actions des personnes qu'elle fréquentait, finit par se trouver comme partagée entre Dieu et le monde, étant, selon son propre aveu, *tout à la fois, à l'un et à l'autre, un peu à chacun.* Elle alla même jusqu'à s'exposer à violer le vœu de chasteté perpétuelle qu'elle avait fait à Dieu. Un jeune gentilhomme, fort riche et très-bien fait de sa personne, à qui M. de Villard l'avait d'abord destinée, venait, avec l'agrément de Mme de Langlade, lui rendre d'assez fréquentes visites ; et Marie-Marguerite le recevait sans difficulté, et même elle avait eu pour lui certaines complaisances. De sorte que, comme elle l'a déclaré plus tard, elle fut sur le point de perdre, non-seulement sa vocation à l'état religieux , mais encore la plus délicate et la plus précieuse de toutes les vertus. C'est ainsi que, par un aveuglement beaucoup trop commun, plusieurs mères de famille s'appliquent à former leurs filles pour le monde, plutôt qu'à en faire de bonnes chrétiennes. Au lieu de servir d'instrument à la grâce, elles semblent vivre d'intelligence avec l'ennemi de tout bien, pour les faire entrer dans cette voie large qui conduit à la perdition, imitant plus ou moins l'infâme Hérodias dans l'éducation vicieuse qu'elle donna à sa fille, et dans l'art qu'elle lui enseigna de plaire aux hommes.

CHAPITRE VI.

Dieu la retire de sa tiédeur.

Marie-Marguerite aurait persévéré dans son triste état de langueur spirituelle , et se serait peut-être entièrement pervertie, si Dieu, qui voulait s'en servir pour sa gloire, ne l'eût réveillée de son assoupissement et ne l'eût attirée à lui d'une manière bien douce, mais efficace. Comme il sait qu'il faut nécessairement que le cœur humain aime un objet quelconque et que le plaisir le fait toujours tourner de son côté, il lui inspira de fréquents dégoûts pour le monde, afin de l'obliger à chercher le bonheur dans celui qui peut seul le donner. Ainsi, quoique le commerce du beau monde lui fût devenu agréable, elle n'était jamais contente. Les plus belles parties de plaisir ne lui laissaient que de l'amertume dans l'âme. Elle avait beau s'y livrer à la joie, se divertir et s'amuser comme tout le monde ; un chagrin secret et profond la saisissait parfois tout à coup et pour ainsi dire sans motif. D'un autre côté , se voyant recherchée et caressée à cause de ses qualités extérieures, il lui semblait se trouver sur le point de faire quelque grande chute ; ce que pourtant elle appréhendait encore. Elle avait aussi à souffrir du côté de sa conscience. Ce censeur sévère ne cessait de lui reprocher ses anciens engagements, c'est-à-dire son vœu de chasteté perpétuelle : il lui faisait entrevoir qu'ayant choisi Jésus-Christ pour son époux, elle lui manquait de fidélité, en se permettant de n'avoir même que des complaisances pour un jeune homme qui cherchait à lui ravir son cœur ; que, si elle n'ouvrait pas les yeux sur le danger auquel elle s'exposait témérairement, elle finirait par y succomber et que celui qu'elle abandonnait et qu'elle allait trahir, ne tarderait pas à s'en venger par quelque châtiment terrible : heureux trouble qui fut suivi d'une paix et d'une tranquillité inaltérables ! Marie-Marguerite céda enfin aux poursuites de la grâce divine : elle s'humilia devant Dieu, reconnut sa propre faiblesse, implora la miséricorde de Celui qu'elle avait déjà pris pour son époux, et lui renouvela le vœu qu'elle avait fait de n'aimer que lui seul. Dès lors, pour assurer sa persévérance, elle se remit à ses anciens exercices de piété avec une exacte régularité, s'approcha plus souvent des sacrements pour avoir la force de se vaincre et ferma soigneusement toutes les avenues par où le péché pouvait entrer dans son âme.

CHAPITRE VII.

Sa vocation à l'institut des Ursulines. Elle en fait part à son père.

Après être rentrée dans sa première et bonne voie, Marie-Marguerite passa quelques mois à délibérer sur la manière dont elle s'y prendrait pour exécuter la promesse qu'elle avait faite d'abord et qu'elle avait récemment renouvelée, de se consacrer entièrement au service de Dieu. Elle ne cessa point, durant cet intervalle, de conjurer l'Esprit-Saint de l'éclairer de ses divines lumières, et eut soin en même temps de découvrir jusqu'au fond de son âme au directeur de sa conscience. Quand elle eut tout bien examiné, selon les règles de la prudence chrétienne, elle crut que le ciel l'appelait à entrer dans l'institut des Ursulines et dans une maison de cet ordre que l'on venait d'établir au Malzieu. Elle avait remarqué,

par rapport à cet établissement, que le bon Dieu y
était bien servi, quoique les religieuses n'y fussent
pas cloîtrées, qu'elles sortissent de la maison pour
les besoins de la communauté ou pour aller visiter
les malades, et qu'elles ne fissent pas les vœux solen-
nels de religion; mais seulement des vœux simples,
entre les mains de Mgr l'évêque de Mende. Elle
partit de Saugues après en avoir obtenu la permission
de sa grand'mère, sous un autre prétexte. Chemin
faisant, elle se prépara par la prière au combat
qu'elle allait avoir à soutenir contre son père et ses
autres parents. A son arrivée au Malzieu, et au premier moment qu'elle se trouva seule à seul avec son
père, elle lui dit : « Mon très-cher père, j'ai une
« affaire importante à vous communiquer; je crois
« que le bon Dieu m'appelle à être religieuse, j'ai
« mûrement réfléchi là-dessus et je viens de prendre
« mon parti : le monde n'est plus rien pour moi, et
« j'ai besoin, pour sauver mon âme, de lui dire un
« adieu absolu; ma vue s'est portée sur les Ursulines
« qui viennent de s'établir ici; veuillez me donner,
« avec votre bénédiction, la permission d'aller frap-
« per à leur porte. »

M. de Villard fut fort surpris et même affligé d'une
pareille proposition : il aimait tendrement Marie-Marguerite, parce qu'elle était sa fille aînée, qu'elle lui
ressemblait beaucoup et qu'elle était l'unique gage
qui lui restât de sa première et bien-aimée épouse,
dont il conservait toujours un doux souvenir. D'un

autre côté, quoique bon chrétien, il n'était pas, ainsi
que tant d'autres parents d'alors et de nos jours,
exempt de cette faiblesse qui consiste à plaindre le
sort d'un enfant qui veut se donner à Dieu. Puis il
craignait de fâcher les parents de sa première femme,
s'il permettait à sa fille d'abandonner le monde, et il
ne voulait pas s'exposer ainsi à s'aliéner une famille
honorable, avec laquelle il avait toujours vécu dans
une parfaite union. Il savait quelles étaient à cet
égard les dispositions de Mme de Langlade, et par
conséquent qu'il s'agissait en cela de conserver ou
de perdre de grandes richesses; enfin il s'était lui-
même bercé pendant longtemps dans la pensée qu'il
pourrait se procurer un jour une belle alliance par le
mariage d'une enfant qui aurait une brillante fortune,
accompagnée de toute sorte de bonnes qualités. C'est
pourquoi, lorsque Marie-Marguerite lui eut découvert son pieux dessein, il lui répondit brusquement:
« Mon enfant, j'ai d'autres vues sur vous, je vous
« en ferai part quand le moment sera venu; sachez
« en attendant que c'est à moi de vous diriger et à
« vous de m'obéir. »

CHAPITRE VIII.

Ses instances pour obtenir le consentement de son père.

Marie-Marguerite, ne se tenant pas pour battue par ce premier refus, revint à la charge plusieurs autres fois; mais son père repoussa toujours sa demande avec la même fermeté. Alors elle eut recours à sa belle-mère et lui dit : « Madame, je vous « conjure d'avoir pitié de moi et d'engager mon « père à m'accorder la seule consolation que je « souhaite en cette vie, et qui est de me consacrer « au Seigneur pour le reste de mes jours dans l'in- « stitut des sœurs ursulines. Si vous parlez pour « moi, je vous en serai à jamais obligée et vous me « prouverez par là que c'est tout de bon que vous « m'aimez. » Mme de Villard, qui ne s'accommodait pas trop mal de tout cela, n'eut pas de peine à lui promettre de lui rendre un pareil service. Elle agit en effet auprès de M. de Villard et des autres personnes de la famille, et ses raisons firent d'autant plus d'impression qu'elle faisait semblant, pour mieux réussir, d'être étrangère ou indifférente à cette affaire. Enfin, comme son époux était un homme de conscience et craignant Dieu, elle lui dit, pour achever de le gagner, qu'après tout, c'était peut-être résister à la volonté de Dieu que de s'opposer à

une si sainte vocation. Ce dernier motif l'emporta,
dans le cœur de M. de Villard, sur sa tendresse paternelle et sur toutes ses autres objections; mais, avant
de se prononcer, il voulut soumettre encore sa fille à
une dernière épreuve : « Je sais, dit-il à Marie-Mar-
« guerite, que ce jeune gentilhomme, qui vous a
« souvent rendu visite, ne vous est pas désagréable.
« De mon côté, bien loin de condamner l'inclination
« que vous avez semblé lui témoigner, je l'ai tou-
« jours approuvée, parce que c'est le meilleur parti
« du pays. Outre la noblesse de sa naissance, il a
« beaucoup de bien et il est personnellement d'un
« mérite distingué ; son bel esprit, ses manières
« douces et honnêtes, sa prudence, son économie et
« plusieurs autres qualités que je reconnais en lui,
« vous rendront heureuse, si vous l'épousez. Vous
« n'avez qu'à parler sans dissimulation, l'affaire sera
« conclue, dès que vous m'aurez dit avec sincérité
« le sentiment de votre cœur. Croyez-moi, ma fille,
« je vous conseille de profiter de l'occasion; ne re-
« jetez pas un établissement si avantageux et crai-
« gnez de vous montrer opposée à ma volonté ainsi
« qu'à celle de votre grand'mère, à qui vous êtes si
« redevable. L'état du mariage n'est pas incompa-
« tible avec la piété; vous pouvez vous y sanctifier,
« comme tant d'autres l'ont fait, puisque vous aurez
« la liberté de faire toutes les bonnes œuvres que
« vous voudrez. »

Lorsque M. de Villard eut fini de parler, sa fille,

qui, à la vue d'un si terrible assaut, avait appelé la sainte Vierge à son secours, se jeta aux pieds de son père et lui dit : « Mon très-cher père, je confesse « que ma conduite passée n'a que trop donné de « fondement à ce que vous venez de me dire au « sujet de ce jeune homme ; mais je vous supplie de « croire que, quelque pensée que j'aie eue pour le « monde par le passé, je n'en ai plus maintenant. « Jamais homme n'aura mon cœur ; quand vous me « présenteriez un roi pour époux, je le rejetterais ; « je vous conjure d'être et de demeurer persuadé de « la sincérité de mes paroles et de me donner votre « bénédiction. »

Alors, pourtant, M. de Villard céda aux désirs de sa fille ; mais il versait tant de larmes, et sa douleur était si grande, que le mot tant désiré put à peine s'échapper de ses lèvres.

CHAPITRE IX.

Elle entre chez les Ursulines du Malzieu.

Immédiatement après avoir obtenu de son père ce consentement qu'elle en avait sollicité avec tant d'instances, Marie-Marguerite, qui sans doute avait lu dans l'Évangile : *Celui qui met la main à la charrue ne doit point regarder en arrière,* partit sans plus tarder de la maison paternelle, pour aller s'enfermer dans celle des Ursulines. C'était dans la matinée du 2 février de mil six cent seize, et dans la quatorzième année de son âge. Nous croyons devoir faire remarquer ici qu'après être venue au monde le jour de l'Assomption de Notre-Dame, elle est aussi entrée dans la vie religieuse le jour de la Purification. Un instant après son admission, les religieuses n'ayant pas encore eu leur messe, elle se joignit à elles pour aller l'entendre. Ce fut dans la chapelle des Pénitents, dédiée à l'Immaculée Conception de la sainte Vierge. Il paraît que l'établissement, qui ne faisait que commencer et qui était bien pauvre, n'avait pas encore un oratoire particulier.

Au commencement de la messe, tandis qu'elle remerciait Dieu de tout son cœur pour la grande grâce qu'il venait de lui accorder, et comme elle lui offrait l'hommage de son être tout entier, elle se trouva tout à coup ravie en extase. Il lui fut alors montré, au côté droit de l'autel, une salle magnifique, spacieuse et resplendissante de clarté; et dans le haut de cette salle, un trône orné des plus riches parures, où siégeait la très-sainte Trinité. En même temps, elle se vit elle-même habillée d'une robe d'une blancheur éclatante; ses cheveux étaient étendus et épars sur les épaules : en un mot, elle se trouvait ajustée et parée comme une épouse; puis la sainte Vierge, la prenant par la main droite, la conduisit devant le trône et la présenta à la très-sainte Trinité.

qui la reçut des mains de Marie avec beaucoup de
bonté et de tendresse. Là il lui sembla qu'on lui mettait une couronne sur la tête et qu'il y avait tant de
lumières autour d'elle, qu'elle en était entourée de
toutes parts. Cette vision lui laissa, dit-elle, dans
l'âme une telle force, qu'elle ne croyait pas, après ce
ravissement, qu'il y eût au monde rien de capable
de la détacher du service de Dieu, et elle avoua que,
depuis cette première faveur, elle n'avait pas besoin
qu'on lui donnât beaucoup de matière pour faire
oraison, parce qu'elle était toujours prête à s'élever
vers Dieu par la pensée et à s'attacher à lui par
l'amour. Le lendemain encore, pendant la messe,
elle entendit une musique céleste, où les voix, sou-
tenues par des instruments, produisaient une har-
monie qui charmait ses sens et enlevait son esprit.
Elle ouït en même temps une voix détachée qui lui
dit : «C'est pour vous que l'on se réjouit dans le
ciel.» Ces quelques mots la firent penser à ce passage
de l'Évangile, où il est dit que, *lors de la conversion
d'un pécheur, les anges se réjouissent dans les cieux.*

CHAPITRE X.

Cérémonie de la vêture.

Le jour même de l'entrée de Marie-Marguerite dans la maison des Ursulines et au sortir de la messe, les religieuses lui donnèrent l'habit de leur institut. Toutes les personnes qui furent témoins de cette cérémonie étaient dans l'admiration et versaient des larmes d'attendrissement, à la vue de la joie et du saint empressement avec lesquels elle offrit ses cheveux à couper et se revêtit des humbles livrées des épouses de Jésus-Christ. Mais si cette journée fut douce pour cette jeune et tendre victime de l'amour divin, les saintes filles qui l'admettaient en leur société n'étaient pas moins fières d'avoir fait une si précieuse acquisition. Elles connaissaient déjà toutes ses bonnes qualités; et le courage ainsi que la générosité avec lesquels elle avait triomphé du monde, de la chair et du sang, leur faisaient espérer que Dieu tirerait la plus grande gloire de la vie de sa nouvelle servante. Il n'y avait que les parents de Marie-Marguerite qui ne fussent pas contents. Non-seulement le parti qu'elle venait de prendre n'était pas de leur goût; mais encore ils se disaient, et surtout son père : « Puisqu'elle a voulu abandonner tant d'avantages que le monde lui offrait, elle aurait

dû au moins jeter les yeux sur un monastère bien
renté ou une abbaye de religieuses de qualité; » car
la maison des Ursulines du Malzieu, venant d'être
établie, était encore très-pauvre; ce qui faisait que
les religieuses n'avaient rien que de fort simple dans
leurs habits, dans leurs meubles et dans leurs appar-
tements, et menaient une vie on ne peut plus frugale.

Cependant M. de Villard, après s'être enfin résolu
à permettre à sa fille de dire au monde un éternel
adieu, ne crut pas devoir lui chercher querelle sur
la maison qu'elle avait choisie pour le lieu de sa retraite. Quant à Marie-Marguerite, elle n'avait fait
aucune considération de ce genre, en se décidant à
entrer chez les Ursulines du Malzieu; il lui avait
suffi de savoir que, quoique pauvres, elles avaient
l'esprit de leur état, et que par conséquent elle pourrait, au milieu d'elles, très-bien servir le bon Dieu
et mettre en sûreté le salut de son âme.

CHAPITRE XI.

Épreuves qu'on lui fait subir pendant le noviciat.

Quoique le personnel de l'établissement fût encore
peu nombreux, il y avait, par je ne sais quelle coïncidence, deux ecclésiastiques chargés de la direction
spirituelle. C'étaient deux hommes d'un vrai mérite,

mais d'une grande sévérité ; l'un d'eux surtout, qui
avait passé quelque temps dans une maison austère,
se ressentait encore de la rigueur sous laquelle il
avait vécu. C'est pourquoi, pour exercer la nouvelle
novice et la faire avancer à grands pas dans la vertu,
ils décidèrent, de concert avec la supérieure, que,
puisqu'il n'y avait rien à craindre ni de son naturel
qui paraissait fort traitable, ni de sa vocation qui
semblait bien fondée, il fallait la soumettre aux
choses les plus capables de l'humilier et de la mortifier. Ainsi, la supérieure la mit au rang des sœurs
converses, l'envoyant au moulin, au four, à la fon-
taine, à la rivière et à la quête. Et quand elle revenait de ces sortes d'emplois auxquels elle n'était
point accoutumée, on trouvait à redire à sa conduite,
on l'accusait de lenteur, de négligence et d'immo-
destie ; on lui disait qu'elle n'était religieuse que par
l'habit, et qu'elle pouvait rentrer dans le monde, si
elle le voulait. On lui faisait faire et défaire la même
chose, sans lui permettre la moindre réflexion sur
l'utilité ou l'inutilité de ce qu'on lui commandait.
Une fois, par exemple, on lui ordonna de changer un
grand tas de pierres d'une extrémité de la basse-
cour à l'autre ; et quand elle eut fini, on la pria de les
reporter au lieu d'où elle les avait tirées. Elle eut là
du travail pour plusieurs jours, mais elle s'y appliqua avec autant d'ardeur que si cette occupation eût
été bien nécessaire. Comme on construisait la chapelle
du couvent, plusieurs fois on l'envoya avec une sœur

converse à la quête du bois qu'il fallait pour cet édifice : il y avait à parcourir une distance de deux lieues, qu'elle fut obligée de faire à pied et quelquefois avec la pluie; et les personnes à qui elle devait s'adresser étaient des dames et des seigneurs qui avaient de fréquents rapports avec sa famille. Enfin, un jour d'été, la supérieure lui commanda d'aller demander quelques bottes de paille à des gens qui battaient des gerbes en un lieu où, tous les soirs, les gens de la ville venaient se promener; et pour qu'elle fût humiliée davantage par cette action, sa révérende mère lui prescrivit de ne pas prendre le voile. Elle obéit avec la plus grande promptitude, mais non toutefois sans se faire une rude violence; car, d'après l'aveu qu'elle en fit plus tard, elle s'encourageait, en allant, par l'espérance qu'à son retour, la paille qu'elle porterait sur la tête la couvrirait assez pour empêcher que ceux qui ne l'avaient pas vue arriver pussent la reconnaître au moment du retour. Mais sa confusion fut plus grande et plus longue qu'elle ne l'avait attendu. Quoiqu'on sût fort bien qu'elle était la fille du gouverneur de la ville, on lui refusa la charité qu'elle demandait, parce que la chose avait été ainsi concertée; on la renvoya même d'une manière désobligeante. Cette dernière épreuve ne fut pas la seule de ce genre que Marie-Marguerite eut à supporter. Plusieurs fois on s'était entendu avec des personnes de condition, et on les avait chargées de la renvoyer, même d'un ton brusque et sévère, quand elle viendrait leur demander l'aumône.

Les humiliations extérieures que l'on faisait subir à Marie-Marguerite étaient beaucoup trop fortes et trop fréquentes pour que ses parents n'en fussent pas instruits et choqués en même temps; aussi finirent-ils par adresser de vives plaintes à la supérieure et aux prêtres qui dirigeaient la communauté : « Vous vous jouez évidemment de la simplicité de « ma fille, leur dit M. de Villard; si vous continuez « à la traiter de la sorte, elle ne peut que passer pour « folle aux yeux de tout le monde, et par là même, « vous nous couvrirez tous de confusion. Il me « semble cependant que l'honorabilité de ma famille « mérite de votre part que vous ayez quelques égards « pour elle. »

Ces paroles produisirent un assez bon effet, mais pour l'extérieur seulement. Les deux directeurs de la maison étant toujours persuadés que tout noviciat doit être un temps de ferveur, qu'il doit en être ainsi surtout pour une congrégation naissante, et qu'on doit alors exiger d'une fille de qualité plus que de toute autre, ne voulurent pas entendre qu'on changeât de système à l'égard de la jeune novice dans l'intérieur de la maison. Celui des deux qui dirigeait sa conscience lui disait dans toutes ses confessions : « Je crains que vous ne soyez infidèle à votre con- « science; le repos où vous me paraissez être m'est « suspect, c'est un commencement de tiédeur et un

« défaut de vigilance; vous perdez beaucoup de
« temps par l'oisiveté de votre esprit, vous vous con-
« duisez uniquement par humeur, vous ferez quelque
« chute dangereuse; en un mot, je vous conseille
« d'arracher de votre cœur la racine de cet orgueil
« qui vous jette dans des idées fausses et entretenues
« par le démon. »

D'autres fois, lorsqu'elle lui rendait compte de son
intérieur, il se moquait d'elle, lui demandant si elle
ne voulait pas faire quelques miracles. Et cet homme
sévère ne s'en tint pas là : animé d'un zèle qui, dans
tous les cas, servait les desseins de Dieu sur Marie-
Marguerite, il commanda à la maîtresse des novices
de lui donner des soufflets; ce que cette religieuse
exécuta si fidèlement, qu'un jour elle la jeta par terre.
Il lui prescrivit plusieurs disciplines particulières et
lui fit même quelquefois administer cette pénitence,
ou par la supérieure, ou par d'autres sœurs qui,
pour ne pas manquer aux ordres qu'elles avaient
reçus, la frappaient de toutes leurs forces. Ce même
directeur alla jusqu'à la renvoyer publiquement de
la table sainte, lui reprochant toute sorte de défauts
et lui disant qu'elle était indigne des saints mystères
et qu'on lui permettrait la communion quand elle se
serait corrigée. Enfin, il la fit accuser plusieurs fois
par des billets anonymes, comme étant une hypo-
crite et une inconstante. Rien de tout cela ne put
altérer la paix de son cœur. Au fond, les deux
directeurs et les religieuses étaient ravis d'admi-

ration, à la vue de son égalité d'âme; lorsque, malgré tout ce qu'on lui faisait souffrir, elle s'estimait trop heureuse de pouvoir servir Dieu dans l'état religieux ; que les traitements les plus rigoureux lui paraissaient encore trop doux pour elle ; et que, n'examinant point les raisons de ce qu'on lui ordonnait, elle ne trouvait aucun commandement injuste, ou à contre-temps, ou au-dessus de ses forces.

CHAPITRE XII.

Ses trois vœux de dévotion; danger auquel sa vocation est exposée.

Malgré toutes ces épreuves, Marie-Marguerite était si contente de se trouver dans une maison religieuse, ou bien Dieu, comme pour la récompenser de sa patience et de son obéissance, lui faisait tellement éprouver les attraits de son amour, qu'au commencement du quatrième mois de son noviciat, le jour de l'Invention de la sainte croix, elle se sentit portée, en s'approchant de la table sainte, à faire par dévotion les vœux de pauvreté, de chasteté et d'obéissance. Or, après qu'elle se fut ainsi immolée en holocauste de suave odeur, le Seigneur lui accorda durant cette journée tant et de si douces consola-

tions, qu'elle crut que ce jour était vraiment celui
de ses noces spirituelles. Avec cela, il est facile de
comprendre pourquoi elle se trouvait si calme au
milieu des plus rudes épreuves, pourquoi elle les
acceptait avec tant de soumission et tant de profit
pour son avancement dans la vertu. Aussi, à partir
de ce moment, le reste du noviciat ne lui parut point
lent à s'écouler; et, si quelquefois elle songeait au
terme de ce temps d'épreuve ou désirait qu'il arrivât
bientôt, c'était uniquement pour qu'il lui fût donné
de ratifier d'une manière solennelle les engagements
qu'elle avait déjà pris avec son Bien-Aimé. Quelque
temps après, cependant, Dieu la mit en face d'une
tentation extérieure, bien capable de l'ébranler si
elle n'avait pas été fortement établie dans la vertu.
Le jeune gentilhomme qui l'avait recherchée en
mariage et n'avait encore pu l'oublier, fit le voyage
du Malzieu pour essayer de la voir et de lui dire au
moins, en deux ou trois mots, qu'il pensait toujours
à elle et ne désespérait pas de la posséder un jour. Il
ne put pénétrer dans la maison des Ursulines; mais
une occasion de la rencontrer dans la ville s'étant
bientôt présentée, il s'empressa de la saisir avec
adresse. Une cousine de Marie-Marguerite se trouvait à l'extrémité; il pensa avec raison que la novice
ne manquerait pas de venir la voir. C'est pourquoi
il prit le devant; et, quand il la vit arriver, il s'a-
vança vers elle et la salua avec les mêmes avances
qu'il lui faisait autrefois. La novice, qui ne s'atten-

dait à rien moins qu'à le trouver là, resta un moment comme interdite, ne sachant quel parti prendre ; mais ayant entendu au fond de son cœur une voix qui lui disait : *Qui aime le danger y périra*, elle ne douta pas que le ciel ne lui eût ainsi tracé sa ligne de conduite, et tourna brusquement le dos à son interlocuteur en lui disant : « *Je n'ai pas la permission de rester ici davantage.* »

CHAPITRE XIII.

Sa profession.

Le temps de l'épreuve pour Marie-Marguerite étant sur le point d'expirer, il fut décidé qu'elle ferait profession, le 5 février, jour de Sainte-Agathe, vierge et martyre. A cette nouvelle, son cœur tressaillit de joie, parce qu'il lui tardait baucoup de pouvoir répéter à haute voix et d'une manière définitive ce qu'elle avait déjà dit dans le secret de son âme : *Seigneur, mon Dieu, vous êtes ma portion et mon unique héritage.* Il lui fut aussi bien agréable d'apprendre qu'elle aurait le bonheur de se consacrer à Dieu, le jour de la fête d'une sainte, qui est l'une des bien-aimées du divin Agneau. Et ce qui acheva d'augmenter sa confiance sous ce rapport, c'est qu'à la distribution des billets des saints du mois, il lui échut celui-là même de sainte Agathe et que la sentence de son billet contenait ces paroles : *Qui peut imaginer une beauté plus grande que celle d'une vierge qui est aimée de son Roi, agréable à son Juge, dédié et consacrée à Dieu ?* Elle ne douta pas alors qu'en lui donnant une telle patronne du mois et en permettant que le billet qui lui échut portât une sentence si bien en rapport avec sa situation, le ciel n'eût voulu l'affermir de plus en plus dans l'estime et l'amour de sa vocation et lui faire connaître une fois de plus que Dieu la voulait bien au nombre de ses vierges. Enfin, le jour tant désiré arriva. Elle prononça ses trois vœux en présence d'un prêtre qui dirigeait la maison et de toute la communauté. Tous ceux qui furent témoins de cet acte solennel furent édifiés et attendris jusqu'aux larmes. Dieu lui-même, voulant montrer qu'il avait été satisfait de la générosité de son sacrifice, la combla d'une joie si vive, de tant de consolations intérieures qu'elle avait de la peine à se contenir. Ces consolations, ces transports, ces jubilations seraient aussi notre partage, si, comme Marie-Marguerite, nous savions donner à Dieu notre cœur tout entier. Si ce Dieu, qui n'aime qu'à nous communiquer ses bienfaits, ne nous traite pas de la sorte, c'est que nous y mettons obstacle nous-mêmes, en n'allant à lui qu'à demi. Soyons donc à lui sans réserve, donnons sans cesse un nouvel élan à notre amour, et il se montrera à nous tel qu'il est, c'est-à-dire le plus tendre des pères, le plus doux des amis, le plus généreux des bienfaiteurs, le plus aimable de tous les maîtres.

CHAPITRE XIV.

Sa persévérance et ses progrès dans les voies de la perfection.

Il arrive quelquefois qu'au sortir du noviciat et de la contrainte qui en est inséparable, l'on cherche, une fois les vœux prononcés, à se mettre au large, à se relâcher tant soit peu de son ancienne ardeur, comme si la profession n'était pas le commencement de ce saint combat plus ou moins long que l'on appelle la *vie religieuse*. Ce n'est pas ainsi que Marie-Marguerite se rendit compte du grand acte de sa profession. Elle se crut, comme de raison, obligée de mettre en pratique ce à quoi elle s'était exercée. Aussi telle l'avait-on vue auparavant, telle la vit-on après ses vœux, et si l'on eût pu remarquer quelque différence entre la novice et la religieuse, c'eût été en plus sous tous les rapports. En effet, quelques progrès qu'elle eût faits dans la mortification et dans l'humilité, elle s'étudia plus que jamais à demeurer dans l'obscurité et dans l'oubli, elle s'appliqua avec un nouveau courage à la vertu d'abnégation et à la mortification de ses sens, elle mit encore plus d'exactitude à observer la règle, et se montra aussi plus do-

cile aux avis et aux ordres des personnes chargées
de la diriger et de lui commander. L'esprit de prière
surtout prit en elle un développement extraordinaire,
elle faisait ses délices de l'oraison, soit mentale, soit
vocale, et quand elle était ainsi en communication
avec son Dieu, elle inspirait par sa seule vue la dévotion à ceux qui étaient témoins de sa tendre piété.
Sa vertu cependant n'était pas sévère, ni difficile,
ainsi qu'on le reproche et qu'il arrive quelquefois
aux âmes dévotes, soit à cause de leur caractère,
soit par suite de l'insuffisance de leurs lumières. La
nouvelle religieuse était en même temps toute à Dieu
et toute aux pieuses compagnes de sa solitude; elle
marchait sans cesse en la présence de son divin
époux et se montrait malgré cela d'une humeur
agréable et d'une sainte gaicté dans les conversations. Toujours prête à prier, à psalmodier et à travailler quand la règle ou l'obéissance l'y appelait,
elle s'accommodait avec la même facilité des moments de récréation, y consacrait tout le temps marqué, et profitait même mieux que toute autre de tous
les divertissements ordinaires de la communauté.

CHAPITRE XV.

Elle est nommée supérieure; sa répugnance pour cette charge.

Le Seigneur, qui avait choisi la sœur Marie-Marguerite pour en faire la pierre fondamentale d'un grand édifice spirituel, l'avait aussi disposée, non-seulement à faire elle-même de grands progrès dans la vertu, mais encore à savoir diriger ses sœurs dans les voies de la perfection. Ces dons de la grâce parurent en elle avec éclat par la sage conduite qu'elle tenait, par ses manières douces et charitables, par la solidité de ses réponses et par les instructions édifiantes qu'elle avait quelquefois occasion de donner, soit aux personnes du dedans, soit à celles qui venaient lui rendre visite. A la vue de tant de belles qualités réunies, les religieuses, ses compagnes, ne tardèrent pas à jeter les yeux sur elle pour en faire leur supérieure; le moment de l'élection étant venu, elles lui donnèrent leurs suffrages à l'unanimité après en avoir auparavant obtenu la permission de la part de Mgr Charles de Rousseau, évêque de Mende. Cependant elle se trouvait seulement à sa cinquième année de religion et à la vingtième année de son âge. Il n'y eut alors dans la maison que la sœur Marie-Marguerite qui fût surprise et affligée. Elle avait de la peine à croire qu'il en fût ainsi. Elle

regardait cette élection comme un des plus grands malheurs qui pussent lui arriver. Elle ne comprenait pas que ses sœurs eussent pu passer ainsi sur la considération de sa jeunesse et de son inexpérience. « Comment, se disait-elle, oserai-je com-
« mander à d'anciennes religieuses, auxquelles je
« dois moi-même le respect? Comment saurai-je
« gouverner une maison, administrer des biens, moi
« qui suis si jeune et qui n'entends rien aux affaires
« temporelles? » Elle craignait surtout pour son salut, parce que, disait-elle, « je tremble de porter pré-
« judice à notre congrégation, qui ne fait que com-
« mencer; les saintes filles qui la composent sont
« exactes et ferventes, mais je suis incapable de
« les maintenir dans la vertu. Je m'acquitterai mal
« de la charge qu'on m'impose, parce que mon
« âge et mon caractère ne me permettront pas de
« prendre un sérieux convenable, d'avoir soin de
« tout et de pourvoir aux besoins de chacune de mes
« sœurs. » Enfin, lorsqu'elle vit que l'on ne voulait point écouter ses raisons, que l'on se moquait, pour ainsi dire, de ses objections, de ses craintes et de ses supplications, elle fut saisie d'une si grande tristesse qu'elle en tomba sérieusement malade.

Après avoir passé quelques jours au lit, qu'elle arrosait de ses larmes, la sœur Marie-Marguerite, éprouvant des angoisses plus fortes qu'à l'ordinaire, se tourna vers l'unique consolation des affligés et lui dit : « Seigneur, vous, le seul objet de mon

« amour, ma plus grande espérance et mon seul re-
« fuge, je vous en conjure, donnez-moi les lumières
« nécessaires pour connaître votre bon plaisir. Que
« voulez-vous que je fasse? Parlez, Seigneur, votre
« servante vous écoute. » A peine eut-elle achevé
cette ardente prière, qu'elle se vit transportée au
pied de la croix, et se sentit attirée avec une suavité
toute divine par l'instrument de notre salut. Cela
lui fit comprendre que Dieu voulait qu'elle acceptât
la croix qui lui était offerte et qu'elle trouverait au
pied de l'arbre sacré la force nécessaire pour remplir la charge qui lui était déférée. Cette grâce signalée la fit comme revenir à elle-même et lui rendit la santé. Alors elle accorda une entrevue à M. le
doyen du chapitre de Marvéjols. Ce digne ecclésiastique était venu au Malzieu, d'où il était natif, et
ayant appris la situation de Marie-Marguerite, il
avait plusieurs fois demandé à la voir; mais elle avait
constamment refusé de se rendre à ses désirs, se
doutant bien qu'il avait surtout pour but de l'encourager à accepter le fardeau qu'on venait de lui
imposer.

Et réellement ce monsieur lui dit : « Je suis per-
« suadé que votre résistance est un effet de votre
« pusillanimité, plutôt que de votre humilité. Vous
« vous opposez d'ailleurs à la volonté divine qui vous
« est si clairement manifestée par le consentement
« unanime de la communauté : il faut tout bonne-
« ment vous jeter entre les bras de la Providence :

« elle n'envoie jamais une croix sans donner en
« même temps les grâces nécessaires pour la porter ;
« et si vous craignez que les occupations extérieures
« ne viennent à distraire votre esprit, vous n'avez
» qu'à redoubler de ferveur, pour vous unir d'au-
« tant plus à Dieu, qu'il y aura pour vous plus de
« danger de vous en séparer. » Ces paroles, qui lui
étaient adressées par un homme sage et éclairé, et
qui lui semblaient développer tout à fait le sens de
la vision qu'elle venait de recevoir, achevèrent de la
déterminer à accepter la charge de supérieure.
« Eh bien ! s'écria-t-elle, puisqu'il le faut, buvons
« ce calice qui nous vient de la main de Dieu.
« Trois ans seront bientôt passés, et puis, j'espére-
« rai en Dieu, qui ne me délaissera pas, me dites-
« vous ; je m'animerai par de nouveaux désirs, je
« me livrerai à de plus saintes ardeurs, pour m'unir
« à Dieu plus parfaitement, pour être plus fidèle à
« l'observation de nos règles et plus exacte à la fré-
« quentation des sacrements. » En effet, elle s'exécuta si bien sous tous ces rapports durant les trois
années que dura son emploi, que, malgré ses occupations, elle s'approcha plus souvent des saints
mystères, et s'appliqua avec une nouvelle ardeur à
l'oraison et à l'union avec Dieu.

CHAPITRE XVI.

Sagesse de son gouvernement. Elle éprouve une forte maladie.

La jeune supérieure n'eut pas plutôt commencé à exercer son office, qu'on s'aperçut que l'on n'aurait pas lieu de se repentir de l'avoir élue. Elle fit même plus que remplir les espérances que l'on avait conçues. La ferveur augmenta parmi les religieuses; une douce union et une sainte joie régnaient plus que jamais au milieu d'elles; la règle était observée avec une grande exactitude et sans aucune peine; tout s'exécutait avec un ordre admirable, et tout le monde était content : en un mot, les affaires étaient si bien dirigées, qu'elles semblaient aller comme d'elles-mêmes. Aussi la mère Marie-Marguerite possédait-elle l'estime et l'affection de toutes les sœurs. Elles avaient également une grande confiance en la bonté de son cœur; tout ce qui venait d'elle était toujours pris en bonne part. Elle avait en effet pour chacune de ses filles une tendresse vraiment maternelle, et lorsque sa charge l'obligeait à quelque chose de délicat et de pénible à leur égard, elle se comportait de manière à leur persuader que le motif seul de leur sanctification la faisait agir. Quand il lui fallait reprendre quelque sœur, elle se contentait de la regarder fixement et d'un air sérieux, ou bien de lui adresser deux ou trois mots en la rencontrant.

Cependant cette bonne mère savait, dans son gouvernement, joindre la force à la douceur. Elle était douée d'une énergie vraiment au-dessus de son âge et de son sexe, et avait comme un ascendant naturel sur les esprits. Quoiqu'on n'ait jamais remarqué qu'elle eût aucune prétention, mais plutôt un grand fonds d'humilité, on a toujours admiré en elle un certain air de grandeur et d'autorité, qu'elle a gardé durant tout le cours de sa vie, et qui lui était nécessaire pour être dans la suite à la hauteur de sa mission.

Il y avait six mois que la mère Marie-Marguerite remplissait la fonction de supérieure, lorsqu'elle fut tout à coup atteinte d'une maladie très-grave. Dès le cinquième jour on la crut à l'extrémité ; mais elle resta encore dix-sept jours entre la vie et la mort, en proie à de grandes souffrances et ne pouvant jouir d'un seul instant de sommeil. Après avoir essayé tous les remèdes possibles, les médecins l'avaient pour ainsi dire abandonnée. Cependant la nuit du vingt-deuxième jour, le Seigneur, qui ramène des portes de la mort, quand il veut, ceux qu'il y a conduits, lui envoya un sommeil salutaire, durant lequel il lui sembla qu'on lui donnait l'extrême-onction, et que Jésus-Christ lui-même la lui administrait. Quoi qu'il en ait été de cette vision, à son réveil, elle se trouva grandement

soulagée, et quand les médecins vinrent la visiter,
ils lui dirent qu'ils la trouvaient hors de danger,
qu'elle n'avait plus rien à craindre. Cette déclaration des docteurs, au lieu de la réjouir, l'affligea
au contraire beaucoup. Elle n'avait jamais redouté
la mort durant le cours de cette maladie; elle
l'avait même souhaitée pour être plus tôt éternellement unie à l'objet de son ardent amour; c'est
pourquoi elle était triste de voir s'éloigner d'elle
un bonheur auquel elle croyait déjà toucher. Dans
cette maladie, elle fit preuve de la plus grande
patience : au milieu des plus vives souffrances, elle
était aussi tranquille qu'en pleine santé, et pendant
les six mois de fièvre qui en furent la suite, elle ne
laissa pas d'aller et venir, et de garder la règle
aussi bien que ses filles. Quand elle eut recouvré la
santé, elle se plaisait à dire : « J'éprouve à l'égard
« de Dieu les mêmes sentiments de reconnaissance
« pour l'épreuve qu'il vient de m'envoyer, que pour
« la guérison qu'il a daigné m'accorder. Dans la
« maladie, on apprend à porter plus de compassion
« aux malades, à connaître leurs besoins et quelle
« est la charité qu'on doit avoir pour eux. Il n'y
« a rien de tel que l'expérience pour s'instruire à
« cet égard. » Enfin, lorsqu'elle se trouva entièrement rétablie, elle voulut faire une retraite de
dix jours, comme pour se retremper dans l'esprit
religieux que certainement elle n'avait pas perdu.
Pendant ce temps et comme elle était en oraison,

elle éprouva un ravissement, où *elle se vit en Dieu, comme dans un miroir, et avec une plénitude de Dieu qu'elle n'eût su exprimer.* Ce sont ses propres termes. En même temps, on lui mit au doigt une bague ainsi faite : le tour de l'anneau était en chaînes d'or; la pierre incrustée par-dessus avait trois faces, dont la première représentait le Père Éternel; la seconde, un crucifix très-bien fait; et la troisième, le Saint-Esprit. Un attrait doux et fort qu'elle éprouva alors, l'invitait à se rendre la copie parfaite de Jésus crucifié, et les divines personnes lui promettaient toutes trois leur secours, pour qu'elle vînt à bout de cette imitation et qu'elle n'aimât jamais plus autre chose qu'un Dieu mis en croix pour elle.

CHAPITRE XVII.

Quelques-unes de ses pratiques de dévotion.

Après avoir, vers ce même temps, triomphé d'un piége fort dangereux que l'ennemi du salut avait tendu à sa pureté, la mère Marie-Marguerite crut qu'elle devait plus que jamais se tenir sur ses gardes; et comme elle n'ignorait pas que personne ne peut conserver ce précieux trésor sans le secours d'en haut, elle s'adressa, pour obtenir ce secours, à

la Mère de la divine grâce, récitant matin et soir, à
l'honneur de son immaculée Conception, l'oraison de cette fête, neuf *Ave Maria* et deux *Gloria
Patri;* ce qu'elle continua de pratiquer tout le reste
de sa vie. Elle fit aussi le vœu de jeûner au pain et
à l'eau la veille de toutes les fêtes de la sainte
Vierge. Elle a déclaré plus tard que, si elle s'était
conservée pure, elle s'en croyait redevable à la
Vierge immaculée, qui l'avait préservée comme
miraculeusement dans des occasions où elle aurait
failli sans son assistance. A cette époque, Notre-
Seigneur Jésus-Christ, voulant que son épouse fût
toute à lui, lui donna un attrait extraordinaire
pour ses souffrances, surtout le vendredi de
chaque semaine et durant tout le carême de chaque
année; et même, un vendredi-saint, tandis qu'elle
assistait à l'office du jour, il sembla à Marie-Marguerite qu'on lui imprimait dans le cœur les mystères de la Passion. A partir de ce moment, et pendant cinq ans, elle sentit dans cet organe une douleur semblable à une légère piqûre d'épingle; cette
douleur était mêlée d'une certaine suavité qui
lui faisait éprouver beaucoup de douceurs dans les
larmes qu'elle versait sur les tourments du divin
Maître. Pour ne jamais perdre le souvenir de cette
faveur sensible, elle s'obligea à réciter tous les jours
de sa vie l'oraison de la Passion. Au reste, dans
toutes ses peines et au milieu des embarras des
affaires, sa grande ressource était la dévotion à

Jésus crucifié et à l'immaculée Conception de Marie :
elle cherchait aussi à inspirer les mêmes sentiments
à toutes les personnes qui lui étaient soumises ou
qui la fréquentaient ; et plusieurs d'entre elles ont
depuis assuré qu'elles s'étaient très-bien trouvées
de ses conseils. Elle avait aussi une dévotion non
moins grande au Saint-Sacrement de l'autel. Au
moment de la communion, elle paraissait comme
transportée hors d'elle-même. Chaque fois qu'elle
approchait de la sainte Table, on voyait s'accroître
en elle l'ardeur des divines flammes qui la consumaient ; et plus elle se nourrissait du pain de vie,
plus elle en était affamée. En un mot, Dieu lui faisait
trouver tant de délices dans son sacré banquet qu'elle
disait qu'une seule communion aurait plus fait que la
dédommager de toutes les peines d'une longue vie.

CHAPITRE XVIII.

Elle songe à se délivrer de la charge de supérieure.

La mère Marie-Marguerite s'était fait une extrême
violence pour acquiescer à son élection. Elle ne fut
pas longtemps en fonction sans éprouver de nouveau son ancienne répugnance pour la charge de
supérieure. Elle était toute confuse et affligée de se
voir si jeune à la tête de la maison ; et elle ne cessait

de gémir, en considérant comme un obstacle à son
salut un emploi qui l'attachait au soin des autres et
des affaires temporelles. Elle se serait cependant
consolée dans son amère douleur, si elle avait été
sûre qu'au bout de trois ans elle se verrait délivrée.
Mais elle se doutait bien que, puisque l'on avait si-
tôt commencé à la charger de ce fardeau accablant,
on ne l'en tiendrait pas quitte pour une fois et que
par conséquent elle ne pourrait jamais jouir d'aucune tranquillité. C'est pourquoi elle chercha dans
son esprit tous les moyens possibles d'échapper à ce
qu'elle voulait, mais ne pouvait éviter. Elle résolut
d'abord d'appeler d'autres religieuses et de faire de
la maison du Malzieu un monastère cloîtré, où elle
espérait se cacher sous le boisseau ; mais son projet
n'eut pas le succès qu'elle attendait. Les supérieurs
refusèrent de prêter l'oreille à la proposition qu'elle
leur en fit. Alors elle se détermina à quitter la
maison pour passer dans un autre monastère. Elle
se promettait qu'ailleurs elle serait regardée comme
novice et comme une jeune fille incapable pendant
longtemps d'exercer aucun emploi. Ensuite, dans son
amour toujours croissant pour la retraite et l'union
avec Dieu, elle se disait que son attrait s'accommo-
derait mieux d'une maison cloîtrée et qu'elle y trouverait aussi des directeurs plus habiles et plus expé-
rimentés dans l'art de conduire les âmes dans les
voies de la perfection religieuse. Il y avait deux ans
qu'elle méditait ce dernier projet, lorsqu'il se pré-

senta une occasion qu'elle crut être on ne peut plus
favorable pour en venir à l'exécuter. Mme de Villard, sa belle-mère, obligée d'aller au Puy pour
consulter les médecins, la pria de l'accompagner
dans ce voyage. La mère Marie-Marguerite, qui
savait que dans cette ville il y avait plusieurs monastères cloîtrés et grand nombre d'habiles directeurs des âmes, accepta volontiers cette invitation,
donnant à ses filles pour prétexte qu'elle ne pouvait
ne pas contenter en cela une personne à qui elle
était redevable de bien des services. Cependant une
pareille facilité, de la part d'une personne qui répu-
gnait beaucoup à se produire au dehors, donna à
penser aux religieuses; elles se rendirent compte
en même temps de certains autres indices et finirent
par se persuader que leur mère faisait le voyage du
Puy dans un tout autre motif que celui qu'elle leur
avait manifesté; et qu'elle avait sans doute formé la
résolution de passer dans un autre ordre. C'est
pourquoi elles allèrent toutes ensemble la trouver
dans sa chambre, et lui dirent : « Révérende mère,
« en nous annonçant votre voyage du Puy, vous ne
« nous avez pas découvert le fond de votre pensée;
« mais nous ne doutons pas de ce qui se passe en
« dedans de vous-même. Oui, vous voulez nous
« abandonner : or, après tout l'amour que vous nous
« avez témoigné en mille occasions, nous ne sommes
« pas peu surprises de vous trouver aujourd'hui si
« dure à notre égard : restez, restez donc au milieu

« de nous; aimez vos filles jusqu'à la fin. Quant à
« ce qui vous oblige à vous séparer de nous, ras-
« surez-vous : à la prochaine élection, nous aurons
« égard à vos répugnances; nous vous décharge-
« rons, quoique avec regret, de ce fardeau qui
« vous pèse tant. » Que répondre à un pareil langage? La bonne et tendre Marie-Marguerite ne pouvait ne pas céder aux plaintes et aux larmes de ses
filles. Elle renonça au voyage du Puy et à l'exécution de son dessein, se disant qu'après tout, elle
n'avait pas tout à fait perdu sa peine, puisqu'elle
avait obtenu de ses sœurs la promesse d'être bientôt
délivrée de son insupportable fardeau; qu'au reste,
pourvu qu'elle ne fût que simple religieuse, elle ne
serait pas mal dans une maison où l'on vivait si
saintement, quoique sans clôture; et qu'elle pouvait
y servir Dieu parfaitement jusqu'à ce qu'il lui plût
de lui faire connaître sa volonté d'une manière plus
claire.

DEUXIÈME PARTIE.

CHAPITRE I.

Ses premières inspirations au sujet de l'ordre
du Verbe-Incarné.

Dans le cours de l'année qui suivit sa profession, Marie-Marguerite se trouvait un jour au jardin à composer un bouquet d'œillets pour l'autel de la sainte Vierge. Comme elle admirait la blancheur éclatante de l'une de ces fleurs, Dieu, qui souffle par son esprit où il veut et quand il lui plaît, fit en ce moment naître dans son âme le désir d'être dans un ordre consacré à la Mère de pureté. Ce mouvement intérieur lui sourit, et elle voulait le goûter à loisir; mais Dieu, qui lui avait inspiré cette première pensée pour la préparer à une seconde, la fit tomber en un saint recueillement, dans lequel elle ouït intérieurement ces paroles : « *Un ordre qui serait à l'honneur de Marie te plairait ; mais s'il en existait un du Verbe-Incarné, ne serait-il pas à ton goût?* » En même temps elle éprouva un grand attrait pour ce dernier ordre et ressentit à ce sujet une telle dilatation de cœur et une si vive joie, qu'elle s'écria : « *Verbe « divin, je vous suis toute dévouée, et si vous m'en- « chaînez ainsi à votre service, j'espère, par les mérites « et l'intercession de votre Mère, vous être fidèle en « tout temps et en tout lieu.* » Cependant, comme à cette époque il n'était nulle part question d'un ordre du Verbe-Incarné, Marie-Marguerite ne regarda ce qu'elle venait d'éprouver que comme un de ces mouvements passagers par lesquels Dieu cherche quelquefois à activer la dévotion de ses serviteurs. Elle ne soupçonnait pas que ces inspirations étaient comme une semence que le Seigneur avait jetée dans son âme, pour qu'elle y portât des fruits de consolation dans un temps qui n'était guère éloigné. En effet, quatre ou cinq ans après, c'est-à-dire vers la fin de la deuxième année après son élection, comme elle était à faire oraison, et qu'elle priait avec toute l'application de son esprit et toute l'ardeur de son âme, il lui fut dit intérieurement : « *Dieu n'est pas encore satisfait ; il attend de vous plusieurs autres choses.* » Contristée par cette déclaration et fortement désireuse de connaître ce que le ciel demandait d'elle, elle se mit à prier avec une ferveur toute nouvelle et fit mettre toutes ses filles en prière, afin que son divin Époux daignât lui manifester son bon plaisir. Mais sa patience eut encore à souffrir pendant un temps assez long de ces ténèbres si désolantes pour son cœur : seulement, plus elle priait, plus elle se sentait portée à accomplir la volonté de Dieu, quoi qu'il lui en dût coûter.

CHAPITRE II.

Arrivée et séjour au Malzieu du P. Joseph Gibalin de Villard et du P. de Crest. Ce dernier conseille à Marie-Marguerite d'entrer dans l'ordre du Verbe-Incarné.

Le fléau de la peste s'étant déclaré à Lyon, ainsi qu'en plusieurs autres quartiers de la France, M. Baltazar Gibalin de Villard écrivit au R. P. Provincial de cette ville, pour qu'il permît à son frère de venir passer quelque temps au Malzieu, et de lui adjoindre tous les compagnons qu'il voudrait. Sa demande fut favorablement accueillie : le P. Joseph Gibalin de Villard arriva chez lui avec le P. de Crest, de la même Compagnie. Marie-Marguerite se fit un devoir de rendre de temps en temps visite à son digne oncle, qu'elle chérissait et considérait beaucoup. Or, dans ces entrevues, il arriva souvent que, les deux frères prenant plaisir à parler seuls, ce fut à elle à entretenir le P. de Crest, et c'est ainsi qu'il lui fut donné de s'établir dans des rapports intimes avec celui que le ciel venait de lui envoyer pour lui faire connaître ses volontés. « Ce jésuite, dit le manus-

« crit que nous publions, était un religieux d'une
« grande capacité, d'une vertu peu commune et sur-
« tout d'une rare habileté dans l'art de diriger les
« âmes. La marquise de Senesçay, gouvernante du
« roi et l'une des plus vertueuses dames du royaume,
« fut tellement satisfaite de sa direction, lorsqu'il
« fut recteur à Châlons, quelques années après,
« qu'elle voulut absolument l'emmener avec elle à
« la cour, où il jouit d'une grande considération
« auprès d'Anne d'Autriche et de toutes les autres
« personnes de piété qui le fréquentèrent. »

Marie-Marguerite ne tarda pas longtemps à s'a-
percevoir que le P. de Crest était un homme intérieur ; car il ne lui parlait guère volontiers que des
choses de Dieu, et en l'entretenant ainsi, il le faisait
avec tant d'énergie et d'onction, qu'il paraissait
comme dans un saint ravissement. Elle reconnut
aussi à ses manières de procéder que c'était non-
seulement un parfait religieux en lui-même, mais
encore un homme de bon sens et de bon conseil
pour les autres. Elle crut qu'elle ne pouvait mieux
faire que de lui ouvrir entièrement son âme, ne doutant pas que la miséricorde divine ne l'eût envoyé
vers elle pour l'éclairer sur ce qu'elle éprouvait depuis longtemps. C'est pourquoi elle lui rendit un
compte exact de sa conscience et lui fit surtout
remarquer le point sur lequel elle était le plus
tourmentée, c'est-à-dire cet avertissement intérieur qu'elle croyait avoir reçu du ciel, lorsqu'il lui

lut dit : *Dieu n'est pas satisfait ; il attend d'autres choses.*

Après avoir réfléchi quelque temps sur les belles dispositions de cette âme et admiré les bontés de Dieu pour elle, le P. de Crest lui dit enfin : « Je crois « avoir trouvé ce que le ciel demande de vous ; mais « aurez-vous bien le courage d'exécuter ce que je « vais vous proposer de sa part? » Elle lui répondit humblement : « De mes propres forces, je ne « puis rien ; mais j'espère qu'avec la grâce de Dieu « tout me sera possible. » Le Révérend Père ajouta : « Il y a à Lyon une pieuse demoiselle occupée à for- « mer des filles pour établir un ordre qui portera le « nom de Verbe-Incarné. L'institut répond à la gran- « deur de ce nom et demande beaucoup de perfection ; « le plan en a été dressé par des personnes qui n'ont « en vue que la plus grande gloire de Dieu. Mais, « outre que les commencements de tout ordre reli- « gieux sont accompagnés de mille difficultés, ce « qui a lieu, surtout pour l'institut dont je vous « parle ; il vous faudra nécessairement et pour tou- « jours sortir de votre pays, quitter vos parents et « vos connaissances, mener une vie nouvelle avec « des personnes que vous n'avez jamais vues ; vous « soumettre, en un mot, à un changement qui ne « sera pas moindre que celui qu'il vous a fallu subir, « quand vous avez renoncé au monde, pour entrer « dans la congrégation des filles de Sainte-Ursule. »

Pendant que son saint directeur lui parlait ainsi,

Marie-Marguerite se rappela que le nom de l'ordre qui venait de lui être signalé, lui avait été suggéré quelques années auparavant, lorsqu'elle cueillait des fleurs dans le jardin.

Elle fut singulièrement frappée de cette coïncidence, et, ne doutant pas que Dieu ne lui fît ainsi connaître ce que, plus tard encore, il lui avait dit attendre de sa servante, elle ressentit un grand attrait pour l'ordre du Verbe-Incarné, ne comptant pour rien toutes les difficultés et toutes les peines qu'elle pourrait y trouver. C'est pourquoi elle répondit au P. de Crest : « C'est assez, mon Révérend « Père; vous n'avez pas besoin de m'en dire davan- « tage; je crois que vous avez bien trouvé ce que « Dieu demande de moi. Il m'avait déjà inspiré la « pensée d'entrer dans un ordre dédié au Verbe « incarné; mais je n'avais pas compris cette inspi- « ration, parce que je ne savais pas qu'il existât un « ordre de ce nom. Je vois clairement que Dieu « vous a envoyé vers moi pour achever de me faire « connaître sa sainte volonté. »

Marie-Marguerite pria le P. de Crest d'offrir trois fois le saint sacrifice de la messe, afin d'obtenir de l'Esprit-Saint de nouvelles lumières. Son pieux directeur lui accorda volontiers cette grâce, lui conseillant d'entendre à son tour trois messes dans la même intention. Sur ces entrefaites, elle se trouva remplie intérieurement de consolations ineffables, et les larmes que sa sainte joie faisait couler de ses

yeux étaient si abondantes que son voile en était
tout mouillé. Bien plus, avant la troisième des messes
qu'on lui avait conseillé d'entendre, elle éprouva une
extase dans laquelle il lui fut donné de voir la fondatrice de l'ordre du Verbe-Incarné : la mère de Matel
l'embrassa avec une tendresse extrême et la présenta
à la très-sainte Trinité, comme une victime propre
à lui être immolée pour sa gloire. La chambre dans
laquelle la fondatrice lui était montrée, était toute
tapissée de croix : ce qui fit juger à Marie-Marguerite qu'elle aurait beaucoup à souffrir dans sa nouvelle vocation. Elle eut encore peu après une seconde vision du même genre, et quand elle rendit
compte de tout cela au P. de Crest, cet homme de
Dieu lui avoua qu'il avait été lui-même honoré de
pareilles faveurs au sujet des desseins que Dieu avait
formés sur elle; ce qui mit le comble à sa joie et la
fit se jeter aux pieds du Révérend Père, pour le supplier de lui obtenir par ses prières de nouvelles lumières et la grâce de bien correspondre aux volontés divines. Depuis ce moment-là, elle fit elle-même
toutes ses oraisons et toutes ses pénitences dans
cette intention. Enfin, comme l'attrait qu'elle avait
senti pour l'ordre du Verbe-Incarné allait toujours
en augmentant ; que son directeur approuvait toujours davantage son dessein, et que dans ses prières
elle s'y trouvait de plus en plus affermie, elle crut
devoir se déterminer à croire que Dieu la voulait
réellement dans cet ordre, et prit la résolution de

faire tout ce qui dépendrait d'elle pour y entrer. Dès lors, elle s'occupa des moyens d'en venir à l'exécution, et cela avec tant d'ardeur qu'elle ne pouvait presque pas penser à autre chose. Elle a plus tard déclaré que, si, pour procurer l'établissement de cet ordre, ou pour avoir le bonheur d'y être reçue, il lui eût fallu aller à pied jusqu'aux extrémités de la terre, elle n'aurait pas reculé devant les ennuis, les peines et les fatigues d'un si long voyage.

CHAPITRE III.

Opposition qu'elle rencontre pour l'exécution de son dessein.

Une fois sa résolution prise, et d'après le conseil du P. de Crest, Marie-Marguerite écrivit à la fondatrice en des termes très-pressants, la priant de la compter parmi ses filles et de la recevoir par avance dans sa société, afin qu'elle fût prête à entrer dans son ordre dès le moment qu'il serait approuvé. La réponse ne se fit pas attendre et fut tout à fait conforme à ses généreux désirs ; mais son départ ne put avoir lieu de quelque temps : ce dont l'Enfant Jésus chercha à la consoler. Un peu avant le retour des deux jésuites à Lyon, le divin Enfant se montra à elle avec un air doux et riant et une croix à la main. Puis, jetant sur elle un regard de bonté, il lui donna à entendre qu'il s'en allait faire un voyage qui serait long. Cela lui fit comprendre que l'établissement de l'ordre traînerait en longueur ; et cela n'a été que trop vrai dans la suite. Elle ne douta pas non plus que le petit Jésus, en lui apparaissant une croix à la main, n'eût voulu lui donner une nouvelle assurance que les difficultés qu'on lui avait déjà prédites, auraient réellement lieu. Cette vision la contrista pour ainsi dire ; mais, voyant que les desseins de Dieu étaient tels, elle s'y soumit avec une parfaite résignation.

Quelque temps après son retour à Lyon, le P. Gibalin de Villard découvrit le projet que sa nièce venait de former ; il lui écrivit une lettre où il lui disait : « Ma bien chère nièce, vos intentions, que « vous avez si bien su me cacher, me sont enfin con- « nues : je vous en blâme autant que je puis le faire ; « en vous mettant de pareilles idées dans la tête, « vous faites preuve d'inconstance ; vous nous mon- « trez que vous n'êtes bien que là où vous n'êtes « pas. Enfin, vous vous passionnez à pure perte « pour un ordre qui n'existe pas et qui, très-pro- « bablement, n'existera jamais. Le Saint-Siége refuse « de l'approuver et le cardinal-archevêque de Lyon « ne veut point en entendre parler. Ainsi, calmez- « vous et songez uniquement à rester dans une « maison où d'ailleurs vous êtes si bien. » Ce Révérend Père écrivit dans le même sens à M. de Villard, son frère, ainsi qu'à Mgr l'évêque de Mende, les priant d'user de leur autorité pour empêcher sa nièce de quitter les Ursulines du Malzieu. Ces lettres eurent réellement l'effet que se proposait celui qui les avait écrites. Mgr l'évêque de Mende, à qui Marie-Marguerite avait communiqué son dessein et qui l'avait trouvé bon, se mit à le désapprouver. Son père lui reprocha d'avoir le cœur dur pour l'auteur de ses jours, puisqu'il lui faisait si peu de peine de lui dire un adieu éternel. Enfin, les ecclésiastiques eux-mêmes et les religieux du voisinage la blâmaient tous d'un commun accord.

C'était une position bien pénible que celle de Marie-Marguerite, qui se voyait seule de son sentiment, combattue et attaquée de tout le monde, sans aucune consolation extérieure, sans pouvoir prendre conseil d'aucune des personnes qui l'environnaient. Néanmoins, cette furieuse tempête que Dieu avait laissé s'élever contre elle, ne lui fit rien perdre de sa fermeté ni de son courage. Elle espéra contre toute espérance et mit plus que jamais sa confiance en Dieu, le suppliant sans cesse que, puisqu'il était l'auteur de sa résolution, il voulût bien ne pas abandonner son ouvrage. C'est pour cela qu'afin d'obtenir l'accomplissement de ses saints désirs, elle jeûna tout un carême de la manière la plus rigoureuse, ne prenant qu'un simple potage à son dîner, et rien autre chose qu'une pomme à la collation. Cependant Dieu lui fit la grâce de conserver, mal-

gré une si rude austérité, les forces qui lui étaient
nécessaires pour s'acquitter de son emploi, et il la
dédommagea des cruelles privations qu'elle s'imposait, en lui faisant goûter intérieurement les vo-
luptés célestes et les délices de l'esprit. Elle ajouta
à cette austérité une retraite spirituelle, afin de se
mettre en état de mieux connaître la volonté de
Dieu, touchant la conduite qu'elle avait à tenir au
milieu de ses épreuves. Or, dans ces jours de recueillement et en un moment où elle était à faire
oraison, le Saint-Esprit lui apparut sous la forme
d'une colombe et vint se reposer sur sa tête. En
même temps elle entendit ces paroles : « Je t'épou-
serai par mon Esprit-Saint.» Cette faveur signalée
ajouta de nouvelles flammes à l'ardeur de son attrait pour l'ordre du Verbe-Incarné, et lui inspira
un si grand amour pour le Saint-Esprit, qu'elle prit
à l'instant la résolution d'en ajouter le Petit-Office
à tant d'autres prières qu'elle s'était prescrites pour
tous les jours. La même faveur lui ayant été accordée une seconde fois, une sœur entra dans sa
chambre sur ces entrefaites, et voyant quelque chose
d'extraordinaire, elle s'écria : « *Oh ! ma mère, que
vois-je ? Qu'est-ce que tout ceci ?* » Mais la vision disparut à l'instant, et Marie-Marguerite, affligée et
confuse de ce qui venait d'arriver, supplia cette religieuse de ne rien dire, pour l'amour de Dieu, de ce
qu'elle avait vu ; et même, en sa qualité de supérieure, elle lui ordonna de garder le silence là-

dessus, sous peine de manquer à la sainte vertu d'obéissance.

CHAPITRE IV.

On élit une autre supérieure, et on confie à Marie-Marguerite la [direction du noviciat. — Dieu lui accorde de grandes consolations.

Lorsque les trois ans de sa charge de supérieure se furent écoulés, les religieuses, se souvenant de la promesse qu'elles lui avaient faite depuis peu, élurent une autre sœur à sa place ; mais elles ne voulurent pas la laisser elle-même sans emploi et la chargèrent du soin des novices. Comme elle aurait voulu être la dernière de la maison, et passer sa vie entière dans l'obscurité et dans l'oubli des hommes, cet honneur lui fit encore bien de la peine ; cependant elle s'y résigna. La nuit d'avant l'élection, elle avait vu en songe un festin splendide, où il n'y avait point de mets qui n'élevât son esprit à Dieu. Elle crut que le ciel avait voulu lui faire comprendre par là que dans son nouvel emploi il n'y avait rien qui ne pût la porter vers Dieu. D'un autre côté, elle se consola de l'honneur qu'on lui faisait, en pensant qu'elle serait obligée de bien faire et de pratiquer la vertu pour y former les autres ; qu'en cherchant à allumer dans leur cœur le feu de l'amour divin, il en rejaillirait quelque étincelle sur le sien; et que, dans tous les cas, ses anges (c'est ainsi qu'elle appelait les novices) lui donneraient une salutaire confusion par leur innocence et l'animeraient par leur ferveur. En effet, dès qu'elle se trouva libre de toute occupation extérieure et qu'elle n'eut qu'à s'occuper des choses de Dieu, elle s'unit à lui d'une manière plus intime qu'auparavant; et en même temps elle redoubla ses prières et ses pénitences dans l'intention d'obtenir le prompt établissement d'un ordre pour lequel elle s'intéressait d'autant plus qu'elle voyait moins de jour dans cette affaire. Sur ces entrefaites, un jour qu'elle suppliait avec instance Notre-Seigneur de mettre la main à son ouvrage de l'ordre du Verbe-Incarné, ce divin Sauveur lui apparut, les épaules tout ensanglantées, comme durant le tourment de la flagellation, et lui adressa les paroles suivantes : *Je te serai propice à Rome.* Ces plaies qu'elle avait sous les yeux, lui rappelaient les croix qui lui avaient été déjà prédites plusieurs fois, et les paroles qu'elle entendit la remplirent de joie et de confiance.

Il n'y avait pas encore un an que Marie-Marguerite était maîtresse des novices, lorsque sa sœur, Hélène de Villard, abandonnant le monde à son tour, vint se mettre sous sa direction pour entrer dans l'institut des Ursulines. Et la mère de Villard n'eut pas seulement à se réjouir de ce que sa sœur se con-

sacrait à Dieu, mais encore elle eut la satisfaction de
la voir partager son pieux dessein d'entrer un jour
dans l'ordre du Verbe-Incarné [1]. Quelque temps
après, Marie-Marguerite, prenant avec elle sa sœur,
alla rendre visite à la révérende mère Agnès de Jésus, de l'ordre de Saint-Dominique, au monastère
de Sainte-Catherine de Langeac (alors diocèse de
Saint-Flour, aujourd'hui diocèse du Puy). Elle désirait
conférer de ses intérêts spirituels avec cette illustre
servante de Dieu, dont la réputation de sainteté s'é-
tendait au loin dans tous les environs. Elle passa
huit jours, auprès d'elle et dans les fréquents rapports
qu'elles eurent, elles furent on ne peut plus satis-
faites l'une de l'autre. La mère Agnès offrit même à
la mère Marie-Marguerite de la recevoir dans son
monastère au nombre de ses religieuses, mais celle-
ci lui ayant fait connaître sa résolution au sujet de
l'ordre du Verbe-Incarné ainsi que tous les détails
qui pouvaient l'éclairer sur ce point, la pieuse domi-
nicaine l'approuva entièrement et l'exhorta à persévérer dans son dessein, lui promettant que Dieu en
tirerait sa gloire. Une semblable assurance, venant
de si bonne part, fut un si grand sujet de consolation pour Marie-Marguerite, qu'elle se sépara de
cette sainte religieuse en bénissant Dieu de ce qu'il
lui avait accordé de faire un aussi heureux voyage.

[2] L'abrégé de la vie de cette autre généreuse servante de
Dieu se trouve à la suite de celle de la révérende mère Marie-
Marguerite.

Vers le même temps, comme après avoir fait la communion, elle recommandait à son aimable Sauveur l'œuvre du Verbe-Incarné, elle l'entendit lui disant avec une grande tendresse les paroles suivantes : « *Ma fille, ne te laisse pas aller à la crainte :* « *souviens-toi que, pour avoir douté, Moïse fut privé* « *d'entrer dans la terre promise.* » Lorsqu'elle fut revenue de Langeac, une de ses novices éprouva des saignements de nez si longs et si opiniâtres que les médecins la crurent perdue. Dans cette extrémité, Marie-Marguerite eut recours à Dieu, le suppliant de rendre la santé à la malade par amour pour son nouvel ordre et en considération de celle qui en était la fondatrice. En même temps, prenant la réponse que celle-ci lui avait envoyée, elle l'enveloppa dans un linge et l'appliqua à la novice sur la tête. La malade reposa bien durant la nuit suivante et se sentit le lendemain avoir des forces ; mais, ayant mis de côté le linge où se trouvait cachée la lettre de la fondatrice, l'hémorrhagie la reprit avec la même opiniâtreté. A cette vue, Marie-Marguerite, ne perdant pas confiance, lui remit de nouveau le linge mystérieux, lui recommandant de le garder jusqu'à ce qu'elle lui permît de l'ôter. Le précieux remède opéra encore son premier effet et cette fois l'hémorrhagie ne revint plus.

Enfin, ce qui mit le comble à la joie de Marie-Marguerite, ce fut une lettre qu'elle reçut sur ces entrefaites de la part de son oncle jésuite : « Je

« ne suis plus le même à votre égard, lui disait le
« R. P. Joseph Gibalin de Villard ; je me suis
« totalement converti ; comme un autre saint Paul,
« je veux, de persécuteur de votre ordre que j'ai été,
« en devenir le protecteur, autant que je le pour-
« rai. » Ce Révérend Père écrivit aussi à son frère
de ne plus s'opposer aux desseins de sa fille et de lui
permettre de suivre les inspirations de la grâce. Les
religieuses, ses compagnes, elles-mêmes, après avoir
longtemps et presque toutes désapprouvé sa résolution, vinrent lui témoigner unanimement le désir
de se joindre à elle et la chargèrent d'écrire à la fondatrice qu'elles la priaient de les admettre au
nombre de ses filles et qu'elles lui offraient leur
maison du Malzieu, si elle voulait venir y jeter les
fondements de son ordre.

———————

CHAPITRE V.

Elle est élue supérieure une seconde fois. Tribulations que Dieu
lui envoie à cette époque. Mort de son père.

Tant de consolations, arrivées l'une sur l'autre à
Marie-Marguerite ne pouvaient manquer d'être suivies de diverses croix. La première que Dieu lui
envoya, fut que les religieuses, regrettant toujours
sa bonne direction, l'élurent de nouveau pour leur
supérieure. Elle n'en fut pas moins affligée que la

première fois qu'on lui avait confié cette charge ; cependant elle se résigna à l'accepter dans l'espérance qu'elle avait d'aller bientôt rejoindre la foodatrice de l'ordre du Verbe-Incarné. Dès son entrée en fonctions, une cruelle épidémie se déclara dans la ville et pénétra dans l'établissement. Quatre de ses filles en furent atteintes. Pour conserver la santé des autres, elle éloigna ces malades du corps de la communauté, et, suivie seulement de sa sœur Hélène, elle s'enferma avec elles dans un appartement séparé de la maison, où elle les servit, jour et nuit, avec une affection, un zèle et une joie qui les ravissaient d'admiration. Comme elle n'écoutait que les inspirations de sa charité, elle contracta, en soignant ses sœurs, une infirmité qui lui fit tomber les ongles des mains ; mais elle la souffrit sans en rien dire à personne ; elle craignait d'être obligée de quitter une fonction qui lui fournissait une belle occasion de pratiquer toute sorte de vertus.

Dieu bénit sa charité et exauça les prières qu'elle ne cessait de lui adresser. Toutes les malades recouvrèrent la santé, au grand étonnement des médecins, qui en avaient condamné deux à mort, et qui avaient déjà recommandé de pourvoir aux préparatifs de la sépulture de l'une d'entre elles. Cependant, l'épidémie régnante, au lieu de s'adoucir, se changea en une véritable peste. Mgr de Marcillac, évêque de Mende, en ayant été instruit, envoya à Marie-Marguerite l'ordre de quitter la ville avec toutes ses

filles. Elle se serait trouvée alors dans un grand
embarras, sans parler de la peine qu'elle éprouvait
d'abandonner sa chère retraite ; mais son père vint
à son secours en lui offrant un quartier de son château pour elle et pour toute sa communauté : ce
qu'elle accepta avec d'autant plus de joie qu'il y
avait là une chapelle où l'on célébrait tous les jours
le saint sacrifice de la messe et où ses filles pourraient faire leurs exercices ordinaires. Mais l'épreuve
n'avait pas encore fini : quelques jours après que
les Ursulines eurent quitté le Malzieu, un affreux incendie consuma en quelques heures la plus
grande partie de la ville. Leur maison fut du nombre
de celles qui devinrent la proie des flammes ; leur
chapelle seule resta intacte et comme par miracle.
Enfin, la peste disparut ; Marie-Marguerite loua la
maison la plus rapprochée de la chapelle et vint l'habiter avec ses filles. En même temps, pleine de confiance en Dieu, quoiqu'elle n'eût que dix écus dans
son coffre, elle donna le prix fait d'un nouveau monastère qui se trouva terminé et habitable au bout
de onze mois. Ses parents lui donnèrent une partie
des fonds nécessaires, et elle emprunta le reste, ce
qu'elle trouva bientôt après le moyen de restituer
aux personnes qui lui avaient rendu service.

Comme Marie-Marguerite commençait à respirer
après de si grandes tribulations, le Seigneur lui envoya la plus sensible de toutes les épreuves. Ce fut
la mort de son père, qui succomba à une pleurésie.

après cinq à six jours de maladie. Comme elle l'avait toujours aimé tendrement et que de son côté il avait eu pour elle depuis son enfance une affection toute spéciale, elle se rendit auprès de lui, aussitôt qu'il lui fit savoir sa maladie. Elle le servit jusqu'au dernier soupir et, ce qui marque la force de son âme, elle lui aida à se préparer à la réception des derniers sacrements et à s'endormir dans la paix du Seigneur. Néanmoins la douleur qu'elle ressentit en le voyant expirer, fut si vive qu'elle faillit y succomber. Sa sœur Hélène, qui n'avait pas autant de pouvoir sur elle-même, tomba par terre et demeura quelque temps évanouie. Cependant les larmes qu'elles répandirent sur les restes d'un père bien-aimé, n'étaient pas sans consolation : elles avaient la ferme confiance que le doux objet de leur amour et de leurs regrets n'avait fait que passer à une meilleure vie : elles l'avaient vu mourir en vrai chrétien et avec les marques d'un prédestiné. Le Seigneur lui-même daigna porter un grand adoucissement à leur affliction. Il fut assuré à Marie-Marguerite dans deux endroits différents et par des personnes d'une éminente vertu que son père était dans le ciel. Ensuite, comme elle était à prier dans la chapelle du château et qu'elle disait à Dieu dans la ferveur de son oraison : « Sei- « gneur, puisque je n'ai plus mon père en ce monde, « je vous supplie de me donner saint Joseph à sa « place, » on lui fit connaître que sa prière était exaucée, qu'elle serait désormais la fille de saint

Joseph et que ce saint serait son père. Elle a déclaré
plus tard, elle-même, que cette promesse qui lui
avait été faite, avait eu dans la suite son entier accomplissement par la protection visible que ce grand
saint lui avait accordée en diverses circonstances de
sa vie.

CHAPITRE VI.

Persécution qu'elle a à subir.

Après avoir, pendant trois autres années, rempli
la fonction de supérieure au milieu de toute sorte de
tribulations, Marie-Marguerite s'attendait à rentrer
dans ce calme qui avait toujours été l'objet de ses
désirs ; mais pour la soumettre à une humiliation
bien pénible, Dieu permit qu'on la confirmât dans
sa charge. Sur ces entrefaites, Mgr de Marcillac,
évêque de Mende, fut pressé par Mgr de Richelieu,
archevêque de Lyon, de recevoir dans son diocèse
une colonie d'Ursulines de la ville de Saint-Chamond. Le premier de ces deux prélats écrivit donc à
Marie-Marguerite, lui proposant d'ouvrir sa maison
à ces religieuses et de les agréger à sa communauté.

La révérende mère de Villard consulta ses filles,
et, sur leur avis contraire, elle répondit à l'évêque de

Mende que, ne pouvant accepter la proposition de Sa
Grandeur, elles préféraient céder tous leurs biens aux
nouvelles Ursulines et quitter le Malzieu pour aller
se mettre sous la direction de la fondatrice de l'ordre
du Verbe-Incarné. Fâché d'une réponse si ferme,
Mgr de Marcillac fit partir un religieux capucin pour
le Malzieu, à l'effet de déposer Marie-Marguerite de sa
charge de supérieure, sous prétexte que sa réélection
avait eu lieu sans que l'évêque en eût été prévenu. La
mère de Villard reçut le délégué du prélat avec beaucoup de bonté et lui dit avec douceur : «Je me dé-
« mets de ma charge d'autant plus volontiers qu'il
« ne s'agit pas d'une abbaye de plusieurs mille
« livres de rente. Quant à ma résolution d'entrer dans
« l'ordre du Verbe-Incarné, je ne comprends pas
« qu'on veuille s'y opposer. Il me semble qu'en fait
« de vocation chacun doit être libre. Quand vous
« avez vous-même demandé à être capucin, vous
« n'auriez certainement pas trouvé bon que l'on
« vous forçât à être jésuite. Ainsi je ne veux pas non
« plus être contrainte à vivre ursuline, quand le
« bon Dieu m'a inspiré d'embrasser l'institut des
« religieuses de l'ordre du Verbe-Incarné. » A la
suite de cet entretien, le Père capucin demanda à
parler à toute la communauté, et toutes les religieuses s'étant rendues à la salle des conférences,
il leur fit connaître que Mgr l'évêque leur enjoignait
de procéder immédiatement à l'élection d'une autre
supérieure ; mais elles lui répondirent d'une voix

unanime qu'elles n'en feraient rien. Cependant le religieux ne se tint pas pour vaincu et après leur avoir intimé plusieurs fois l'ordre du prélat et fait beaucoup de menaces, il se retira en les sommant d'élire une autre supérieure, ne leur donnant pour cela que deux à trois heures. Lorsqu'il fut sorti de la maison, Marie-Marguerite engagea ses filles à se soumettre à l'ordre qu'on venait de leur donner ; mais elles lui protestèrent qu'elles ne consentiraient jamais à sa déposition. Elle les conduisit donc à l'église, et là, après leur avoir commandé de prier quelque temps, afin d'obtenir de Dieu les lumières nécessaires, elle se jeta à genoux devant elles et leur dit : « Je vous en conjure, ne résistez pas aux vo-« lontés de Mgr l'évêque ; obéissez-lui aveuglément, « c'est-à-dire, quoiqu'il vous semble qu'il ne soit « pas dans son droit. Votre soumission à ses ordres « me sera bien plus agréable que votre résistance. » Enfin elles se rendirent à ses sages conseils, et à son retour le Père capucin trouva la mère de Villard déposée et une autre supérieure élue à sa place. Quelque temps après, Mgr de Marcillac, persévérant toujours dans son dessein d'adjoindre aux Ursulines du Malzieu celles qu'il attendait de Saint-Chamond, se transporta lui-même sur les lieux pour régler définitivement cette affaire. Il déclara à la nouvelle supérieure et à toute la communauté réunie qu'il était le maître et qu'il voulait absolument être obéi.

Mais elles le supplièrent à genoux et les larmes aux

yeux de leur permettre de suivre leur vocation, lui
représentant qu'elles aimaient mieux être religieuses
cloîtrées de l'ordre du Verbe-Incarné, que de changer leur état séculier en une religion qui ne conservait plus l'esprit de la Congrégation de Sainte-Ursule. L'évêque crut que la mère de Villard était la
cause de leur résistance : c'est pourquoi il la con-
damna à demeurer enfermée dans une chambre pendant huit jours et à jeûner au pain et à l'eau. Elle
se soumit sans réplique à cette pénitence et l'accomplit rigoureusement, cherchant en même temps à
apaiser ses parents irrités de la sévérité du prélat.

CAAPITRE VII.

Elle fait le voyage de Lyon.

Lorsque le R. P. de Villard apprit que sa nièce
souffrait de la sorte, il se hâta de la consoler et de
l'animer par une lettre pleine d'onction. Il écrivit
aussi à l'évêque de Mende pour le prier d'être moins
sévère à l'égard d'une fille qui n'avait que de bons
desseins, et de ne pas résister davantage à l'esprit
de Dieu. Soit que cette lettre eût fait impression sur
son esprit, soit que les sentiments d'humanité se
fussent réveillés dans son cœur, ce prélat, qui avait
eu besoin de sortir de son caractère pour en venir à

ces rigueurs, parut se repentir d'avoir si peu mé-
nagé la mère Marie-Marguerite. Quelques mois
après, il lui envoya le même religieux pour lui apporter des paroles de paix et lui dire qu'enfin, si
toutes ses réflexions n'avaient rien pu changer dans
le dessein qu'elle avait d'entrer dans l'ordre du
Verbe-Incarné, et si c'était la volonté de Dieu, il lui
permettait à elle, à sa sœur Hélène, à sa cousine
Thérèse Gibalin, et à la sœur Malarcher, d'abandonner son diocèse pour aller là où leur zèle les appelait. — Marie-Marguerite se vit donc au comble de
ses vœux ; mais elle ne voulut rien précipiter : elle
crut qu'il était prudent d'aller d'abord voir par elle-
même à quel point en étaient les choses. Ainsi, prenant seulement avec elle sa sœur Hélène, elle quitta
les autres sœurs en leur disant qu'à son retour elle
leur rendrait un compte exact de tout ce qu'elle aurait vu, et qu'elle leur recommandait surtout de
garder en son absence toute sorte de ménagements
à l'égard de l'évêque de Mende. La mère Chézard de
Matel lui fit à son arrivée à Lyon un accueil conforme à la haute idée qu'on lui avait donnée de son
grand mérite ; et l'estime qu'elle avait pour elle,
s'accrut tellement pendant les quelques jours qu'elles
passèrent ensemble ; elle fut si charmée de sa vertu
et de toute sa manière d'agir, et craignit si fort de
ne pas l'avoir dans son institut, que, quelque persuadée qu'elle fût de sa fermeté, elle ne voulut point
lui permettre de s'en retourner sans qu'elle eût

fait le vœu de venir la rejoindre pour travailler à l'établissement de l'ordre du Verbe-Incarné. Marie-Marguerite consentit volontiers à lui laisser ce gage de sa résolution sincère : elle prononça le vœu qui lui était demandé, et sa sœur Hélène en fit de même ; et pour donner une plus grande assurance à la mère de Matel, elles le signèrent de leur sang toutes les deux.

CHAPITRE VIII.

Dernier temps qu'elle passe au Malzieu ; son départ définitif pour Lyon.

Quelque temps après le retour de Marie-Marguerite au Malzieu, le Seigneur, se plaisant à la confirmer de plus en plus dans sa généreuse résolution, exauça un jour les prières qu'elle lui adressait sans cesse pour le succès du nouvel ordre, en lui faisant voir intérieurement les grâces abondantes et signalées qui en attendaient les futures religieuses. A cette même époque, il lui fut aussi donné de voir dans un songe prophétique le chœur du monastère d'Avignon, qui devait être la première maison de l'ordre et où elle devait elle-même l'établir. Ainsi qu'elle le reconnut plus tard, ce chœur était exactement le même que celui où les premières religieuses de l'ordre se réunirent d'abord pour y célébrer les louanges de Dieu. Elle y aperçut en même temps un grand nombre de religieuses avec leur futur costume, et brillant toutes d'un éclat extraordinaire. Cette vision lui causa une joie extrême ; elle ne douta pas que Dieu n'eût voulu lui faire ainsi connaître les mérites de ses futures filles et la gloire qu'elles allaient lui procurer. Cependant, comme elle faisait ses préparatifs pour le départ, il lui survint une peine d'esprit assez forte. Outre sa sœur Hélène, qui l'avait accompagnée à Lyon et qui avait aussi bien qu'elle fait le vœu d'y retourner, deux autres ursulines du Malzieu, la sœur Thérèse Gibalin, sa cousine, et la sœur Malarcher s'étaient offertes à la suivre, et, comme nous l'avons déjà dit, elles en avaient obtenu la permission de Mgr l'évêque de Mende. Elle chercha donc à se procurer des fonds [1] pour avoir de quoi payer sa propre pension, à Lyon, ainsi que celles de ses trois compagnes ; mais elle ne put y parvenir. C'est pourquoi, craignant d'être à charge à la mère de Matel, elle lui fit part de son embarras et de son affliction. La pieuse fondatrice lui répondit : « Venez toujours, venez sans « crainte et au plus tôt. Le Verbe incarné, qui de « deux doigts porte le monde tout entier, saura bien « pourvoir aux besoins de quatre filles. » Marie-

---

[1] En entrant chez les Ursulines du Malzieu, elles avaient chacune apporté leur dot, mais Mgr de Mende ne crut pas pouvoir les autoriser à la réclamer.

Marguerite se mit donc en devoir de suivre immédiatement le conseil de la mère de Matel et, quand
tout fut prêt, elle alla rendre visite à ses parents
qu'elle ne devait plus revoir, résistant avec fermeté
aux instances qu'ils lui firent pour la retenir, et cherchant à les consoler de son mieux. Elle se mit en
route vers la fin de novembre et avec un très-mau-
vais temps; elle était suivie de ses trois compagnes,
de quelques ecclésiastiques et de certains de ses parents. Outre les incommodités inséparables d'un
long voyage à travers des montagnes escarpées et
couvertes de neige, elle eut encore à souffrir quelques épreuves particulières auxquelles Dieu soumit
sa patience. Son cheval, s'étant abattu en passant sur la glace, la jeta contre une grosse pierre
qui lui enfonça l'estomac. Ce rude coup la fit s'éva-
nouir; mais, quand elle recouvra l'usage de ses
sens, elle se recommanda au Verbe incarné, et fut
si bien exaucée, qu'après deux ou trois heures de
repos, elle put se remettre en route. D'un autre
côté, elle fut tourmentée de plusieurs peines intérieures. « L'ordre du Verbe-Incarné, se disait-elle,
« ne tardera-t-il pas trop longtemps à s'établir?
« Pourra-t-on surmonter les grands obstacles qui
« s'y opposent? La mère de Matel sera-t-elle satis-
« faite des filles que je lui amène? Aurai-je moi-
« même le bonheur de lui convenir? » Tandis qu'elle
était ainsi en proie à mille anxiétés de cette nature,
l'Enfant Jésus se fit voir à elle, sous la forme d'un

enfant de trois ans et ravissant de beauté. Il tenait une croix à la main, et, jetant sur elle des regards pleins de tendresse, il lui dit, comme autrefois à Ananie au sujet de Paul converti : «Je te ferai voir « combien je veux que tu souffres pour mon amour. » Enfin, le 4 décembre, jour de sainte Barbe, de l'an 1635, la petite troupe arriva à Lyon, où la mère de Matel la reçut avec beaucoup d'empressement et de charité.

CHAPITRE IX.

Elle est envoyée à Paris. Bien qu'elle opère dans une maison de filles repenties.

La fondatrice de l'ordre avait réuni à Paris et à Lyon un certain nombre de filles vertueuses, qu'elle faisait vivre en communauté, dans l'intention d'en peupler ensuite les monastères qu'elle se proposait de fonder dans ces deux grandes villes. Après avoir demeuré quelque temps dans la capitale pour y travailler à l'exécution de son pieux dessein, elle était revenue à Lyon, pour voir si elle y serait plus heureuse. Mais son impatience n'y fut pas plus satisfaite de longtemps.

Quelques jours après l'arrivée des ursulines du Malzieu, la sœur Catherine Fleurin lui écrivit de Paris une assez bonne lettre. Cette sœur, qu'elle

avait laissée à la capitale à sa place et qui plus tard
a été considérée comme la seconde fille de l'ordre,
lui disait : « Nous avons lieu d'espérer que nos vœux
« vont s'accomplir : plusieurs personnes de qualité
« m'ont promis leur faveur. Mais, pour mettre la
« main à l'œuvre, il me faut une bonne aide : veuillez
« m'envoyer la sœur Marie-Marguerite de Villard :
« on m'a si bien parlé d'elle, que je crois qu'avec son
« concours le succès ne se fera pas attendre. Il me la
« faut, au moins pour commencer. » La mère de
Matel se fit prier pendant quelque temps, parce qu'à
son tour elle comptait sur Marie-Marguerite pour
l'établissement de l'ordre à Lyon ; mais on lui fit
tant et de si vives instances qu'à la fin elle se laissa
vaincre et fit connaître à celle dont l'éloignement
devait lui être un bien pénible sacrifice, l'intention
qu'elle avait de l'envoyer à Paris. A cette proposition, Marie-Marguerite, quoiqu'entièrement soumise
à la volonté de Dieu, éprouva une vive peine en
songeant qu'il lui faudrait se séparer d'une sœur
qu'elle aimait tendrement, de ses autres compagnes
et des quelques connaissances qu'elle avait à Lyon ;
et ce qui l'affligeait davantage, c'était d'être obligée d'aller habiter dans une grande ville, sans en
connaître les habitudes ; d'aller se jeter dans de
grands embarras, après avoir cru trouver le calme
et le repos qu'elle avait tant désirés, afin de s'unir à
Dieu d'une manière plus intime. Cependant, le 25
janvier, jour de la conversion de saint Paul, elle dit

à son divin Époux qu'elle venait de recevoir dans sa poitrine : «Seigneur, mon Dieu et mon tout, me « voici prête à faire, quoi qu'il m'en coûte, votre très- « sainte volonté ; je m'offre pour vous être immolée, « s'il vous faut une victime.» Au même instant, elle vit comme dans une nuée le Père Éternel, qui, la recevant et la prenant entre ses bras, la mit dans le sein de la fondatrice, comme une victime prête à tout quand il en voudrait disposer pour sa gloire. Le même jour, comme elle vaquait à l'oraison du soir, et en jetant les yeux sur la statue de la sainte Vierge qui était sur l'autel, elle se sentit attirée à recourir à elle avec la plus grande confiance et comme une fille à sa mère ; et il lui fut donné à connaître que Marie, prenant ses intérêts à cœur, ne lui ferait pas défaut dans le besoin.

Elle partit le cinquième jour de février de l'an 1636. C'était précisément le jour anniversaire de ses premiers vœux au Malzieu. La sœur Marie Malarcher lui fut donnée pour compagne. Lorsqu'elles se furent mises en route, elles s'empressèrent de prier la sainte Vierge et leur Ange gardien de leur accorder une protection toute spéciale durant ce long voyage, et elles entendirent toutes les deux une voix fort belle et très-distincte qui leur dit à trois reprises : *Allez.*

A son arrivée à Paris, Marie-Marguerite alla avec sa compagne à la maison de Notre-Dame de Pitié, où la sœur Catherine Fleurin avait la direction des filles que de pieuses dames y entretenaient pour les empêcher de se perdre. Cette sœur la pria, après quelques jours de repos, de partager avec elle son pénible emploi, en attendant le succès de l'établissement qu'on négociait. Quoiqu'elle pressentît fort bien tout ce qui lui était réservé dans une position semblable, Marie-Marguerite accepta cette offre sans raisonner, se soumettant avec le plus complet abandon à la conduite de la divine Providence. Elle éprouva, en effet, beaucoup d'amertumes de la part des filles au milieu desquelles il lui fallut vivre. En vain s'étudiait-elle à leur inspirer l'amour de la vertu, elles ne pouvaient souffrir ses remontrances charitables ; et, pour se délivrer de ce qu'elles regardaient comme des importunités, elles se révoltèrent contre elle, la chargèrent d'injures, allèrent jusqu'à la menacer d'attenter à sa vie, et quelques-unes même osèrent porter leurs mains sur elle. Bien loin de se laisser effrayer par cette insubordination, elle ne répondit aux graves insultes de ces malheureuses filles que par un courage encore plus grand. S'armant d'une patience à toute épreuve et d'une confiance sans bornes dans le secours d'en haut, elle fit tant par ses ferventes prières auprès de Celui qui seul peut guérir la perversité d'un cœur corrompu, par les bons exemples de tout genre qu'elle ne cessait de donner, et par la douceur de ses avis et de ses corrections, qu'à la fin ces pauvres filles se mirent à la respecter, à l'aimer et à accepter avec le plus grand fruit les saints avis qu'elle leur donnait.

Pendant qu'elle était dans cette maison, un honnête homme de son pays vint l'y trouver pour lui remettre une lettre. Il se montra fort surpris et comme scandalisé de la voir dans une maison de pénitence, s'imaginant qu'elle avait sans doute commis quelque faute contre son honneur. Elle a avoué, dans la suite, qu'elle avait vivement senti le mépris que ce visiteur lui témoigna et les reproches qu'il osa lui faire. Mais elle l'avait laissé dans son erreur, gardant le plus parfait silence sur les raisons qui l'obligeaient à demeurer dans une maison de ce genre, et cela, afin de ne pas perdre le mérite de la confusion qu'elle éprouvait.

CHAPITRE X.

Dieu lui envoie une forte maladie. Autres épreuves.

La plus dure des épreuves que Marie-Marguerite eut à souffrir, durant les quatre années qu'elle passa à Paris; ce fut de voir que les espérances de la sœur Fleurin au sujet de l'établissement de l'ordre du Verbe-Incarné ne se réalisaient pas, malgré toute la la peine qu'elles se donnèrent de concert à cet effet; et qu'au moment où elles croyaient toucher au terme de leurs efforts, des personnes influentes et intéressées se mettaient au travers de la voie pour les empêcher d'aboutir. Mais le divin Époux ne se contenta pas d'éprouver intérieurement son humble et bien fidèle servante. Il lui envoya encore une forte maladie, qui la retint au lit près de six mois, et qui la réduisit dans un état où les médecins désespérèrent de sa guérison. Il s'était formé dans son intérieur un abcès d'une grosseur extraordinaire et dur comme un caillou, qui lui fit souffrir sans relâche les ardeurs d'une fièvre dévorante. On la saigna plus de vingt fois, et on lui fit prendre plusieurs bains, d'où elle sortait quelquefois sans connaissance et comme sans vie. Son estomac se refusait presque à supporter les potions qui lui étaient prescrites, et le sommeil n'arrivait jamais pour lui faire un instant oublier ses souffrances. En un mot, elle ne vivait qu'en apparence et se mourait à vue d'œil. Dans cette extrémité, elle fit vœu d'aller en pèlerinage à Notre-Dame de Chartres; et Celle qu'on n'invoque jamais en vain, lui rendit presque immédiatement une santé pour le rétablissement de laquelle les hommes de l'art se déclaraient impuissants. Durant tout le temps de cette longue maladie, elle édifia singulièrement les personnes qui eurent des rapports avec elle. Elle se montra on ne peut plus docile, non-seulement aux prescriptions des médecins, mais encore à tout ce qui lui était proposé par les personnes qui la servaient. Elle était parfaitement résignée à la mort, qu'elle ne redoutait pas, et elle ne désirait de vivre que tout autant que la volonté de Dieu serait telle.

Si quelquefois elle sortit d'une si sainte indifférence, ce ne fut que pour dire : « Si Dieu le voulait, je « serais bien aise de mourir dans une maison de « Charité, parmi les pauvres, abandonnée de tout « le monde et n'ayant auprès de moi aucune per- « sonne de ma connaissance. »

Les supérieurs de Marie-Marguerite, voyant que l'ordre du Verbe-Incarné était encore loin de pouvoir être établi, jugèrent à propos de l'obliger, ainsi que Marie Malarcher, à quitter le costume des religieuses ursulines pour prendre celui des filles dévotes du siècle. Elle se soumit à cet ordre sans aucune résistance; néanmoins ce changement ne s'opéra pas chez elle sans douleur, ni sans confusion, et il lui procura deux grandes humiliations extérieures. Elle reçut la première de la part d'un des recteurs de l'Hôpital général. Cet honnête magistrat avait eu plusieurs entretiens avec elle et s'en était fait une idée si avantageuse, qu'il lui avait promis de lui donner sa fille avec dix mille écus de dot, lorsque l'ordre du Verbe-Incarné serait établi. Mais, quand il la vit habillée en séculière, il fut si surpris de ce changement auquel il ne s'attendait pas et dans lequel il ne voyait aucune apparence de raison, que, en présence même de plusieurs de ses collègues, il lui dit : « Votre inconstance me « prouve clairement que vous n'êtes qu'une cou- « reuse; je vous croyais de la vertu; mais à pré- « sent je suis persuadé que, si vous aviez été sage

« chez vous, l'on ne vous aurait pas fait aller si
« loin. » Vers le même temps, des gens de son pays,
l'ayant rencontrée dans la rue en habit séculier, l'a-
bordèrent froidement et lui parlèrent même de
manière à lui faire comprendre qu'ils la regardaient
comme une personne sans honneur et de peu de
bon sens. Elle sentit vivement ces mortifications qui
la piquaient à l'endroit le plus sensible ; mais elle
n'y répondit que par un profond silence, étant bien
aise d'avoir quelque chose à offrir au Verbe incarné.
Enfin, pour la préparer par toute sorte de tribulations à sa vocation sublime, Dieu permit que les
directeurs de Notre-Dame-de-Pitié y appelassent
des religieuses de la Visitation. De sorte que Marie-
Marguerite, la sœur Catherine Fleurin et Marie Malarcher, leur compagne, ayant reçu leur congé, furent
obligées de louer une chambre pour s'y réfugier.

CHATITRE XI.

Consolations par lesquelles Dieu la soutient.

Un jour, après avoir éprouvé plusieurs petits
chagrins, Marie-Marguerite avait élevé son âme
vers l'Auteur de toute consolation. Le Verbe incarné se fit voir à elle avec un air qui annonçait la
part qu'il prenait à ses peines, et lui dit les paroles

ui vantes : *Je voudrais bien te soulager, mais mon Père ne le veut pas.* Un autre jour, comme elle venait de faire la sainte Communion et qu'elle ressentait plus qu'à l'ordinaire le feu de l'amour divin, elle s'adressa à son bon ange gardien et lui dit : « Mon « bon Ange, obtenez-moi la grâce de mourir : car « je souhaite la mort, non-seulement comme le « terme de mes souffrances, mais surtout afin « qu'il me soit donné d'aimer Dieu sans relâche « dans le Ciel. » L'Ange lui répondit : « Sachez que « sur la terre vous pouvez aussi aimer Dieu sans « relâche. Quant au terme de vos souffrances, vous « ne devez pas y songer encore, il vous reste beau- « coup de chemin à faire. »

Une nuit de Noël, à la vue du Verbe couché dans une crèche, elle éprouva un grand attrait pour les humiliations, et le désir qu'elle avait eu jadis d'être seulement sœur converse, s'accrut si fort dans son âme, que, s'abandonnant à ce transport, elle allait faire vœu de n'être rien autre chose dans l'ordre du Verbe-Incarné, lorsque le petit Jésus lui dit intérieurement : « Il m'est plus agréable que tu ne « fasses pas ce vœu, et que tu te contentes de ce « que je désire de toi. »

Un autre jour encore, le Verbe incarné se laissa voir à elle pendant une messe tout entière. A son tour, la sainte Vierge, qu'elle ne cessait d'appeler *sa bonne Mère* lui dit, un jour qu'elle la priait dans une chapelle consacrée en son honneur : « Ma chère fille, je

me charge de diriger l'entreprise à laquelle vous tra-
vaillez, et je veux mettre le comble à vos désirs. »
L'apôtre saint Pierre lui apparut aussi une fois pendant la messe et lui promit toute sa protection. Également, un jour qu'elle revenait de prier dans une
église où était érigée une confrérie à l'honneur des
Saints-Anges, saint Michel se présenta devant elle
et lui dit : « Comme j'ai toujours pris une grande
« part à tout ce qui regardait la gloire du Verbe
« incarné, et cela dès le commencement des siècles,
« lorsque j'ai combattu contre les anges rebelles,
« j'en agirai de même maintenant en contribuant
« autant que je pourrai au succès de votre ordre. »
Une autre fois, elle vit devant elle son bon ange, tenant à la main le bouton d'une fleur non épanouie,
mais dont on commençait à voir la blancheur éclatante. Cet esprit céleste lui fit sentir que c'était la figure de l'état actuel de l'ordre du Verbe-Incarné, c'est-
à-dire qu'il était à la veille d'éclore et de se montrer. Marie-Marguerite reçut en effet pour lors un
gage précieux de cette assurance. Madame la duchesse de la Roche-Guyon, qui l'avait vue quelque
fois et l'avait prise en affection, lui promit pour son
ordre douze cents livres de rente; c'était la somme
exigée par la Bulle pontificale, pour la sûreté de
l'établissement. Cette pieuse dame lui assura encore
que plus tard elle lui donnerait le prix de tous ses
joyaux, dont la collection passait pour une des plus
riches de la cour. Cette même duchesse introduisit

Marie-Marguerite chez la reine. Anne d'Autriche la
reçut avec beaucoup de bonté : elle lui fit voir son
dauphin (depuis Louis XIV), qui était encore au
berceau, et voulut qu'on le lui mît entre les bras,
lui recommandant de prier Dieu pour sa conser-
vation ; ce dont elle s'acquitta fidèlement dans la
suite, faisant aussi très-souvent prier pour ce prince,
et n'en parlant jamais qu'elle ne fît paraître les sentiments d'une singulière affection pour lui. Enfin,
dans une de ses communions, elle pria saint Fran-
çois de Sales, ce grand maître de la vie spirituelle,
de lui faire connaître comment elle devait faire pour
plaire au Verbe incarné. Cet aimable saint lui répondit : « Vous devez vous comporter comme une
« jeune demoiselle qu'un prince aurait épousée ;
« laquelle, pour se conserver le cœur de son noble
« époux, ne chercherait qu'à lui plaire en toutes
« choses et ne réglerait sa conduite que sur les in-
« clinations qu'elle remarquerait en lui. Ainsi vous
« devez vous étudier avant tout à connaître les des-
« seins que le Verbe incarné a sur vous, et con-
« former, autant que vous le pourrez, vos actions
« et votre vie aux actions et à la vie du Verbe in-
« carné sur la terre. »

CHAPITRE XII.

Elle retourne à Lyon.

Immédiatement après avoir reçu de la duchesse de
la Roche-Guyon la promesse de douze cents livres
de rente pour l'établissement de l'ordre à Paris,
Marie-Marguerite s'empressa de donner connaissance de ce fait à Mgr l'archevêque, qui lui conseilla
de demander à cette dame une procuration pour
retirer le capital de cette rente. Mais, comme toutes
les œuvres de Dieu sont traversées par les esprits de
ténèbres et par les sages du siècle, elle ne put conduire cette affaire à bonne fin.

Il y avait plus de trois mois que la mère de Matel
n'avait pas écrit, et ce long silence faisait bien souffrir Marie-Marguerite ainsi que ses deux compagnes.
C'est pourquoi elles promirent de faire dire trois
messes à l'autel de Notre-Dame-de-Bonne-Nouvelle.
Or, en revenant de les commander, elles passèrent au
bureau de la poste, où elles trouvèrent plusieurs lettres qui, quoique arrivées depuis quelque temps, n'a-
vaient pas été remises, parce que la personne dont le
nom était sur l'adresse était absente de Paris. Dans
les plus anciennes de ces lettres, on recommandait
à Marie-Marguerite de revenir à Lyon, où l'on
avait de grandes espérances pour l'établissement de

l'ordre. Dans d'autres lettres, on s'étonnait de sa négligence à répondre; et dans les plus récentes enfin, elle était fortement blâmée de son manque d'obéissance, et on lui faisait observer que Dieu ne manquerait pas de la punir, si, par un retard coupable, elle était la cause que l'on ne pût profiter d'un moment propice pour l'exécution du pieux dessein. Elle fit donc tout de suite ses préparatifs de voyage; et, après avoir fait les visites d'adieu dont elle ne pouvait se dispenser, elle reprit le chemin de Lyon avec la sœur Marie Malarcher, laissant la sœur Catherine Fleurin à Paris, selon les ordres de la fondatrice, afin qu'elle y cultivât les quelques espérances que l'on avait d'y fonder un monastère. Durant le trajet, il arriva au cocher de s'endormir; la voiture versa et tomba de tout son poids sur Marie-Marguerite, que l'on s'attendait à relever morte; mais elle se trouva n'avoir reçu aucun mal, s'étant sentie, dit-elle, protégée par une main invisible. Elle arriva à Lyon le 23 octobre 1639. On avait depuis quelque temps reçu deux bulles pour les deux monastères que l'on prétendait fonder, l'un à Paris et l'autre à Lyon; mais elles étaient demeurées toutes deux sans effet; la première à cause de divers obstacles, et la seconde à cause de l'opposition de Son Éminence le cardinal Alphonse-Louis de Richelieu, archevêque de Lyon. Cela étant, on crut qu'il y aurait peut-être plus de facilité à s'établir à Avignon, et que, si l'on en venait à bout, l'ordre

naissant serait moins exposé à certaines contradictions dans une ville appartenant au Souverain-Pon-
tife. C'est pourquoi le P. Quesnay, recteur du collége d'Avignon, se trouvant à Lyon, le P. Gibalin
de Villard lui fit part de cette affaire et le chargea
d'obtenir à son retour toutes les permissions dont on
avait besoin.

TROISIÈME PARTIE.

CHAPITRE I.

Marie-Marguerite est envoyée à Avignon, pour y établir l'ordre du Verbe-Incarné. Premiers jours qu'elle passe en cette ville.

De retour à Avignon, le R. P. Quesnay s'empressa de s'acquitter de la commission dont ses confrères de Lyon l'avaient chargé, et ses démarches eurent immédiatement un plein succès. Il en donna aussitôt avis à la mère de Matel ; elle y serait allée volontiers jeter elle-même les fondements de son institut, mais l'on jugea à propos de ne point la lier par des vœux ni de l'enfermer dans un cloître, afin qu'étant dans la liberté de l'état séculier, elle pût faire d'autres établissements en divers lieux. Ainsi elle jeta les yeux sur Marie-Marguerite et la chargea d'aller tenir sa place à Avignon. Tout le monde jugea, comme la mère fondatrice, que, parmi les pieuses filles qu'elle avait réunies et préparées à embrasser l'ordre du Verbe-Incarné, il n'y avait pas de sujet plus capable que celle qu'elle venait de choisir. Marie-Marguerite fut seule d'un avis contraire : malgré son zèle pour l'établissement de l'ordre, elle fut grandement affligée lorsqu'on lui annonça une détermination de ce genre; il lui semblait que, dans la position qu'on lui faisait, il lui serait impossible d'avoir toute l'humilité nécessaire; il lui était très-pénible d'être obligée d'aller se jeter dans des embarras sans nombre et sans fin, elle qui, en quittant les Ursulines du Malzieu, avait cru pouvoir de la sorte échapper aux premiers emplois d'une communauté et n'avoir par là même qu'à s'occuper de servir Dieu de tout son cœur, dans l'obscurité et le calme. Cependant, comme elle savait si bien que l'obéissance est la première vertu d'un religieux, elle se soumit, malgré ses répugnances, à ce que l'on exigeait d'elle. Elle se fit donc instruire par son oncle, le P. Gibalin de Villard , de toutes les constitutions du nouvel institut et se fit donner par cet habile directeur toutes les lumières et tous les avis dont elle avait besoin.

On lui assigna pour compagnes sa cousine Thérèse Gibalin, Marie Malarcher et Jeanne Fiot. La mère de Matel ne voulut pas laisser partir avec elle sa sœur Hélène : elle la réservait pour lui confier plus tard la direction du monastère qu'elle espérait fonder à Lyon. Partie de cette ville , le 29 octobre, six jours après son retour de Paris, Marie-Marguerite arriva avec sa petite colonie à Avignon, le jour de la fête de Tous-les-Saints. Après avoir mis pied à terre, elle alla droit au collège des RR. PP. Jésuites, et entra d'abord dans leur chapelle pour offrir en premier lieu ses hommages à Celui qu'elle cherchait avant tout, et en même temps pour le remercier de l'avoir sauvée, la veille, du danger de faire naufrage.

Lorsque Marie-Marguerite eut rendu ses devoirs à son divin Époux, elle alla frapper à la porte du collège des Jésuites, demanda à parler au Recteur de la maison, et ce Révérend Père étant venu au parloir, elle lui présenta ses lettres de recommandation et le pria de vouloir bien lui prêter son appui et son assistance. Le P. Quesnay lui répondit qu'il s'était déjà intéressé pour elle, qu'il continuerait à le faire avec le même dévouement, et qu'il avait aussi pensé à leur procurer un lieu de refuge, en attendant que tout fût réglé. En arrivant dans la chambre qu'on leur avait louée pour quelque temps, et à la vue d'un réduit si étroit et si pauvre, l'une des compagnes de Marie-Marguerite s'écria, les larmes aux yeux : « Est-« ce donc là le monastère que nous venons fonder ? « Fallait-il venir de si loin pour ne trouver qu'une « si profonde misère ? » La mère de Villard, se gardant bien de lui faire des reproches, comme elle en aurait eu le droit, se contenta de rire de ses plaintes et de ses larmes. « Les grandes maisons, lui dit-elle, « ne sortent pas tout à coup de terre ; les commen-« cements sont d'ordinaire peu de chose. Sainte « Thérèse, qui a fondé tant de maisons religieuses, « a toujours débuté de cette manière. Après tout,

« quand nous devrions rester toujours aussi pauvres
« que nous le sommes maintenant, il faudrait nous
« estimer heureuses d'imiter de plus près la pauvreté
du Verbe incarné. » Cette sage et généreuse réponse fut comme un baume pour le cœur de celle
qui l'avait provoquée, et ne fit pas moins de bien à
celles qui ne s'étaient pas montrées aussi pusilla-
nimes.

De son côté, le P. Quesnay venait voir de temps en
temps ses pieuses protégées, leur inspirant chaque
fois un nouveau courage et une plus grande confiance, s'informant exactement de leurs petits besoins et les faisant pourvoir de tout ce qui leur était
nécessaire. Enfin, il leur fit faire connaissance avec
Mme de Vedène. Cette pieuse chrétienne jouissait d'un
grand crédit auprès du vice légat, du grand-vicaire
administrateur du diocèse et des conseillers de la
ville ; en un mot, elle était parfaitement considérée de tous les gens de qualité. Cette vertueuse dame
leur montra autant de bonne volonté qu'elle avait de
pouvoir sur les uns et sur les autres : elle épousa
leurs intérêts avec le plus grand zèle et mit dans
peu de jours les choses sur un si bon pied, que l'on
crut qu'il était temps d'appeler la fondatrice pour
régler toutes choses.

CHAPITRE II.

Voyage de la fondatrice à Avignon. Établissement de l'ordre.

La mère de Matel arriva à Avignon, le 21 novembre, amenant avec elle deux autres filles, nommées Marie Nalar et Françoise Gravier. Elle commença par se mettre en règle du côté de l'autorité ecclésiastique ; ensuite elle s'occupa à chercher un lieu convenable pour y loger sa petite colonie. Le choix de la maison qui devait devenir le premier monastère de l'ordre donna lieu à un petit dissentiment entre la fondatrice et Marie-Marguerite. Animées toutes les deux des meilleures intentions et du plus grand désir de bien faire, elles ne purent cependant s'accorder ni sur le quartier où l'on s'établirait, ni sur la maison où il convenait de se fixer. Or, pendant qulelles étaient à débattre cette question, Marie-Marguerite, étant un jour à prier dans la chapelle du noviiciat des Jésuites, fut honorée d'une extase, où il lui fut dit intérieurement : « Dieu veut que vous « renonciez à vos propres lumières, lorsqu'elles « s'opposeront à celles de la fondatrice, et que vous « lui fassiez en aveugle le sacrifice de vos propres « pensées, quelque raisonnables qu'elles vous parais-« sent et quelque pures que soient vos intentions. » Après avoir reçu cet avis du ciel, elle sortit du lieu saint, toute honteuse d'elle-même, comme si elle avait commis une grande faute ; et, ne respirant que soumission et déférence, elle ne fut pas plus tôt à la maison qu'elle se jeta aux pieds de la fondatrice, les baisa et les arrosa de ses larmes, s'accusant de désobéissance et d'opiniâtreté pour avoir osé soutenir une opinion contraire à celle de sa supérieure, et lui promettant de n'avoir jamais plus d'autres pensées ni d'autre volonté que les siennes. Le lendemain, Marie-Marguerite fut amplement dédommagée de cette humiliation volontaire par une faveur surnaturelle. Entre trois et quatre heures du matin, elle vit au pied de son lit la sainte Vierge, qui, la regardant d'un air grave et plein de majesté, lui dit : « Ma fille, je veux que tu saches que je suis « la véritable mère de l'ordre du Verbe-Incarné, et « que j'en ai hâté l'établissement par amour pour « toi. » Elle se jeta à genoux tout de suite, pour remercier son auguste bienfaitrice, qui se déroba alors à ses regards. Une de ses compagnes qui couchait dans la même chambre, se doutant de quelque chose de ce genre, osa la questionner là-dessus ; mais l'humble Marie-Marguerite se contenta de lui dire que, la sainte Vierge étant la mère de l'ordre, il était juste de l'honorer par quelques dévotions particulières. C'est de là qu'est venue la pieuse coutume, fidèlement observée depuis, de dire après l'heure de Prime, tous les jours, trois *Ave Maria* et trois *Gloria Patri*, et le samedi, le *Te Deum* ; et cela,

en actions de grâces de la protection spéciale accordée à l'ordre par la Reine du ciel.

Lorsque la mère de Matel eut choisi la maison qui
lui parut la plus convenable, elle s'empressa de
la mettre autant que possible en état de servir de
maison religieuse. Or, comme on convertit en chapelle la pièce la plus basse, qui servait auparavant
d'écurie, Marie-Marguerite fit à ce propos une réflexion qui mérite d'être rappelée : « Le Verbe in-
« carné, s'écria-t-elle, a voulu donner naissance à
« son ordre dans un lieu semblable à celui où il est
« lui-même venu en ce monde. » Sur ces entrefaites,
une nuit, comme elle commençait à goûter les douceurs du sommeil, qui, plus d'une fois, s'était éloigné
de ses paupières à cause des embarras de la situation,
elle fut éveillée par une voix fort douce qui lui dit :
« Il est temps que tu songes à prendre un parrain
« et une marraine pour le noviciat qui va commencer
« et la religion où tu vas entrer. Or, le Saint-Esprit
« sera ton parrain, et Marie ta marraine : le Saint-
« Esprit, étant fort riche, fera ta dot, et la mère de
« Dieu te fournira l'habit et les autres nécesssités
« de la religion. » Le lendemain, après l'oraison,
désirant rendre ses compagnes participantes de son
bonheur, elle alla les trouver ; et, sans néanmoins
leur rien dire de ce qui venait d'avoir lieu, elle les
invita à se pourvoir aussi d'un parrain et d'une
marraine, selon leur dévotion.

Enfin, lorsqu'on eut mis la maison dans le meilleur

ordre possible et rempli les formalités d'usage, on procéda à la cérémonie de la vêture, qui eut lieu le 15 décembre 1639, jour de l'octave de l'Immaculée Conception. Marie-Marguerite, avec quatre autres filles, reçut le voile et le saint habit du nouvel ordre des mains de Mgr Cohon, évêque de Nîmes, qui fut prié de présider à cette cérémonie par M. le grand-vicaire administrant le diocèse d'Avignon durant la vacance du siége. Les consuls de la ville, le P. Recteur du collége des Jésuites, le P. Gibalin de Villard, Mme de Vedène et plusieurs autres personnes de qualité prirent part à cette pieuse fête. Le sermon fut donné par le P. Lejeune, jésuite; ensuite, lorsqu'on se retira, M. le grand-vicaire donna la bénédiction aux heureuses novices, à la porte de leur petit monastère, les obligeant à la clôture dès ce moment et les exhortant à être fidèles à leur vocation.

CHAPITRE III.

Sage conduite de la mère de Matel envers Marie-Marguerite.

La fondatrice de l'ordre du Verbe-Incarné, se trouvant à la veille d'exécuter son pieux dessein, s'était empressée de faire venir pour cela de Paris Marie-Marguerite. Elle avait jugé que parmi ses filles aucune n'était aussi capable qu'elle d'être mise à la tête de la sainte entreprise, et elle avait fait vio-

lence à son humilité pour la contraindre à accepter
la charge de supérieure dans la première maison de
l'ordre. Cependant, quand elle vit, à son arrivée à
Avignon, que son choix avait été plus heureux qu'elle
ne l'avait espéré, que Marie-Marguerite s'était acquis l'affection de tout le monde, et que les prélats
qui avaient eu des rapports avec elle lui avaient accordé toute leur estime, elle se mit à craindre que le
démon de l'orgueil, s'emparant de son esprit, ne la
conduisît enfin à sa perte. C'est pourquoi elle n'ou-
blia rien de tout ce qu'elle crut capable de la bien
établir dans la vertu d'humilité. Elle affecta de la
mortifier de diverses manières. Un jour elle lui parlait avec dédain, et le lendemain elle lui montrait un
visage plein de froideur. Une fois elle lui imputait
les fautes des pensionnaires, et une autre fois elle
lui faisait rendre compte des dépenses journalières
avec la plus sévère exactitude. Elle était allée jusqu'à la priver de la sainte communion et à la menacer de lui ôter l'habit et le voile. Obligée de partir
d'Avignon à cause de l'approche de la peste, pour
ne pas se trouver dans l'impossibilité d'assister ses
autres maisons, elle lui promit de la traiter dans
ses lettres comme elle venait de le faire de vive
voix, et elle ne lui tint que trop parole. Sur ces entrefaites encore, il vint à l'esprit de Marie-Marguerite qu'elle était trop imparfaite pour être supérieure;
elle demanda avec de grandes instances de descendre à la condition de simple sœur converse;

au lieu d'écouter ses propositions, la mère de Matel
la relança avec des railleries piquantes et des reproches amers, qui tendaient à lui faire croire qu'elle
la regardait comme une orgueilleuse et une hypo-
crite. Néanmoins, Marie-Marguerite ne cessa de se
montrer tout à fait à la hauteur de ses dures épreuves.
Plus on l'humiliait, plus elle s'en reconnaissait digne;
et plus on blâmait sa conduite, plus aussi elle s'a-
vouait coupable. Et qui plus est, tout ce qu'elle avait
à souffrir de la part de la fondatrice, bien loin de
l'indisposer à son égard, comme c'est l'ordinaire, ne
servait au contraire qu'à augmenter le respect et
l'amour qu'elle avait pour elle. Elle était dans une
grande joie quand elle recevait quelque communication de sa part; elle faisait le meilleur accueil aux
personnes qui lui apportaient de ses nouvelles, et
elle baisait amoureusement ses lettres les plus morti-
fiantes, parce qu'elle ne voyait que Dieu dans la personne de la fondatrice.

CHAPITRE IV.

Faveurs spirituelles accordées à Marie-Marguerite pendant le
noviciat. Comment elle se prépare à la profession.

Un jour, Marie-Marguerite, ressentant plus vivement que d'ordinaire les contradictions que la fon-

datrice lui faisait subir, et ayant d'ailleurs éprouvé
de grands sujets de chagrin de la part de certaines
personnes du monde, était allée à la chapelle pour
chercher un peu de consolation auprès du divin
Maître. Or, comme elle s'avançait vers le saint Tabernacle, elle vit venir vers elle Notre-Seigneur, qui
lui tendait les bras du haut de la croix où il était at-
taché. Cette apparition lui donna de nouvelles forces,
et imprima dans son âme un vif désir des souffrances pour être plus semblable à son Sauveur.
Une autre fois, après le départ de la fondatrice,
faisant un retour sur elle-même, et jetant les yeux
sur la position qu'elle occupait, elle était beaucoup
tourmentée dans son intérieur par suite de certaines
pensées qui assiégeaient son esprit. « Me voilà, se
« disait-elle, à la tête d'un grand ordre religieux,
« accablée sous le poids énorme d'une immense res-
« ponsabilité ! Ne suis-je pas évidemment trop faible
« pour soutenir un pareil fardeau ? Où sont en moi
« les vertus qui me seraient nécessaires ? Ne suis-je
« pas au contraire sujette à de grandes passions et
« à des imperfections sans nombre ? Que puis-je
« faire, moi, misérable, en des commencements si
« importants ? Oui, que puis-je faire en une position
« qui demanderait une sainte Thérèse ? » Enfin, dans
l'excès de ses douloureuses appréhensions, elle se
tourna vers Dieu et vers la consolatrice de tous les
affligés. « Seigneur, et vous, ma bonne Mère, dit-
« elle, veuillez, je vous en supplie, prendre vous-

« mêmes soin de votre saint ordre. Votre bonté et
« votre secours sont mon unique espérance et ma
« seule ressource. » Comme elle formulait cette
humble prière, la sainte Vierge lui apparut, ayant à
son bras gauche l'Enfant Jésus qui lui donnait sa
sainte bénédiction. La Mère de Dieu avait en même
temps à la main droite un cœur sur lequel reposait
le Saint-Esprit. Puis, s'adressant à Marie-Marguerite : «Souviens-toi, lui dit-elle, d'une parole
« que je t'ai dite, il n'y a pas longtemps, savoir, que
« je suis la mère de l'ordre, et que par amour pour
« toi j'en ai hâté l'établissement. Maintenant j'ai
« pris ton cœur dans ma main, afin de le former en-
« core mieux, et de le disposer de nouveau à être la
« demeure du Saint-Esprit, que je vois prendre plai-
« sir à se reposer sur lui. »

Plus tard, Marie-Marguerite fit faire pour la chapelle du monastère d'Avignon une statue de Notre-
Dame dans le sens de la vision que nous venons de
raconter. Ces faveurs signalées ne contribuèrent pas
peu à inspirer à la mère de Villard une grande joie
et une confiance parfaite, que Dieu se plut encore à
entretenir dans sa servante par des lumières surnaturelles, lui disant même quelquefois d'une manière
directe : « Ma fille, pourquoi te laisserais-tu aller à
« la crainte? Ton ordre n'est-il pas le mien? N'est-il
« pas tout pour ma gloire? N'ai-je pas intérêt à en
« prendre soin et à le pourvoir de tout? » Aussi elle
disait très-souvent à ses sœurs : « Gardons bien

« nos règles ; faisons bien le service divin, et rien
« ne nous manquera. »

Après six mois de noviciat, Marie-Marguerite
éprouva le désir de faire une confession générale de
toute sa vie pour se disposer à sa profession. Toutefois, comme elle savait que c'est une pratique qui
n'est pas toujours convenable, elle commença par
prier Dieu de lui faire connaître si tel était son bon
plaisir, et même de lui indiquer le confesseur à qui
elle pourrrait s'adresser. Elle était à solliciter ces
grâces devant le Saint-Sacrement, lorsqu'elle vit en
esprit le R. P. Julien, alors Gardien des Pères Cor-
deliers d'Avignon, disant la messe dans une chapelle
de l'église de ces religieux. A l'élévation, elle vit
aussi dans l'Hostie l'Enfant Jésus qui souriait à ce bon
Père, et il lui fut donné à comprendre que c'était le
confesseur à qui elle devait ouvrir entièrement sa
conscience. Elle ne douta pas alors que ce qu'elle
voyait ou ressentait ne lui vînt du ciel ; mais elle
s'en convainquit bien mieux dans la suite ; car elle
regarda toujours comme un des plus grands bon-
heurs de sa vie d'avoir pu, avant sa profession,
mettre son âme entre les mains d'un religieux qui
pendant sa vie et après sa mort a passé, dans le Com-
tat-Venaissin, pour un homme d'une haute vertu et
de grandes communications avec Dieu. Ce saint religieux étant venu la voir ce jour-là même, elle lui
demanda où il avait dit la messe, et d'après sa réponse, elle reconnut que c'était à la chapelle et à

l'heure même où il lui avait été montré. C'est pourquoi, ne doutant plus de ce qu'elle avait à faire, elle lui communiqua le dessein qu'elle avait formé d'une confession générale, et le supplia de vouloir bien l'entendre, ce qu'il lui accorda volontiers. Pendant l'intervalle qu'elle prit pour se disposer à cette confession, Dieu la tint durant trois jours dans la vue de la Très-Sainte-Trinité. Les trois personnes divines étaient sur un trône élevé, et au devant du trône il y avait une table couverte de papiers, où Marie-Marguerite voyait ses péchés écrits. En même temps, Dieu lui paraissait si digne d'être aimé, et les péchés qu'elle avait commis, si détestables, que la douleur qu'elle concevait de ses offenses envers la bonté divine, la réduisit quelquefois à une agonie mortelle. Après ces trois jours, et, pendant la messe, le Verbe incarné se montra à elle sous la forme d'un beau jeune homme, et, descendant de son trône, il s'abaissa jusqu'à elle et la couvrit de son manteau, en lui disant : « Aie confiance, c'est moi qui te proté- « gerai. » Enfin, elle fit sa confession générale ; et quand elle l'eut terminée, la sainte Vierge la prit et lui fit voir en divers endroits plusieurs précipices où elle l'avait empêchée de tomber.

CHAPITRE V.

Elle fait profession. Grandes grâces que Dieu lui accorde.

L'épreuve du noviciat touchant presque à son terme, Marie-Marguerite, avec ses quatre compagnes, se prépara encore davantage à prononcer ses vœux, en suivant les exercices spirituels de saint Ignace. Ce fut le R. P. Quesnay, dont nous avons déjà parlé, qui les dirigea durant cette sainte retraite, dont elles retirèrent les fruits les plus précieux. Enfin cet heureux jour qu'elles appelaient de toute l'ardeur de leurs désirs, arriva, et il ne s'écoula pas sans que le ciel fît éprouver de nombreuses faveurs à celle qu'il avait déjà tant de fois traitée comme sa fille bien-aimée. Ce jour-là même, comme Marie-Marguerite descendait du lit, au son de la cloche, le Père Éternel lui apparut sous une forme humaine, et lui dit : « Je veux être ton père, « et désormais tu seras ma fille : sache que je t'en- « gendre aujourd'hui, et que tu vas recevoir de moi « l'Être spirituel. En même temps, je te donne pour « épouse à mon Fils, en te recevant dans son ordre. « Quant à ces filles qui sont tes compagnes, sois as- « surée que je leur accorderai de plus grandes « grâces que toutes celles qu'elles ont reçues de moi « jusqu'ici. » Cette vision servit beaucoup à Marie-

Marguerite pour inspirer du courage et de la confiance à ses sœurs; mais elle en conçut elle-même de grands sentiments de crainte, lorsqu'elle songeait que, quoiqu'elle en fût très-indigne à cause de ses péchés, elle se trouvait unie à Dieu d'une manière si intime. Elle s'était néanmoins entièrement soumise au bon plaisir de son Dieu, et pendant deux années consécutives, toutes les fois que le souvenir de ces grandes faveurs se présentait à son esprit, elle se prosternait la face contre terre, et protestait au Père céleste qu'elle était prête à se sacrifier pour lui et pour son divin Fils.

Après la vision dont nous venons de parler, le reste de la matinée se passa pour Marie-Marguerite dans des transports continuels, au milieu desquels elle s'écriait de temps en temps : « Mon Dieu, mon « amour et ma vie, que ce ne soit plus moi qui vive, « mais vous en moi ! Plus de moi-même, rien autre « chose que vous seul, qui êtes mon tout, parce que « vous êtes mon Dieu ! » Enfin, elle se rendit dans ces dispositions à la sainte messe, où elle devait prendre l'engagement définitif de n'être plus qu'à son Dieu ; et elle y consomma son sacrifice avec une telle joie et une générosité si parfaite, que toutes les personnes qui en furent témoins en furent attendries jusqu'aux larmes. Cette cérémonie fut présidée par M. le grand-vicaire d'Avignon, et un grand nombre de gens de qualité voulurent y assister.

Le Seigneur avait depuis longtemps accordé à
Marie-Marguerite les faveurs les plus signalées.
Pouvait-il ne pas continuer à la traiter de la sorte,
après qu'elle venait de serrer plus étroitement et
pour toujours les nœuds sacrés qui l'unissaient à son
divin Époux depuis longues années? Oui, ce Dieu,
si bon envers ceux qui le cherchent de tout leur
cœur, ne se laissa pas vaincre en générosité.

La mère de Villard éprouvait depuis quelques années une sueur qui l'avait beaucoup affaiblie. On ne
connaissait guère la cause de cette infirmité, et bien
des remèdes avaient été inutilement essayés pour
l'en délivrer. Or, un jour qu'étant plus fatiguée que
d'ordinaire, elle s'était jetée sur son lit après la
messe pour prendre une demi-heure de repos, le
Verbe incarné lui apparut, quand elle se leva, et
lui dit à trois reprises : « Si tu savais comme je
« t'aime! » En même temps il la guérit tout à fait
de l'infirmité qui la faisait souffrir. Le Verbe incarné se fit voir encore à elle un grand nombre de
fois dans son humanité sainte, l'accompagnant souvent là où elle allait, et lui disant toujours : « Aie
confiance, ma fille ; rien ne te manquera. » Un jour
de la Pentecôte, après avoir passé la matinée dans
une grande sécheresse, elle éprouva durant la visite au Saint-Sacrement après le dîner, une extase
où elle vit la très-sainte Trinité sous une forme
humaine. Les trois personnes, qui paraissaient avoir
le même âge et avaient une égale beauté, étaient as-

sises en cercle comme autour d'une table. On lui fit comprendre qu'elle devait être elle-même la victime et le mets de ce banquet mystique ; et elle entendit ces paroles : « Il te faut avoir un grand cœur, pour le dessein que nous avons médité. » A la suite de cette faveur céleste, son âme demeura tellement absorbée en Dieu pendant quelques jours, qu'il lui semblait ne devoir plus vivre désormais que de son amour. Vers le même temps, son désir de se nourrir du pain des anges acquit une nouvelle ardeur, rien ne pouvait apaiser la soif qu'elle avait du vin qui fait germer les vierges ; mais, comme elle se croyait très-indigne de s'approcher du céleste banquet, elle n'osait faire connaître à son directeur ce qui se passait en elle. Alors, un jour pendant la messe, un jeune enfant d'environ douze ans se présenta devant elle et lui dit : « Eh bien ! faudra-t-il que j'aille chercher une « demeure ailleurs, et cela seulement parce qu'on « craint de me recevoir ? » Cela dit, l'enfant mystérieux disparut, laissant Marie-Marguerite dans un désir plus violent que jamais de s'approcher de la sainte Table. Un autre jour, pendant qu'elle adorait dans un profond recueillement le Dieu qu'elle venait de recevoir dans sa poitrine, elle vit le Saint-Esprit, qui était dans son cœur sous la forme d'une colombe et qui lui parla ainsi : « C'est ici le lieu de mon repos. » Cette faveur lui ayant été accordée une seconde fois, le Saint-Esprit lui dit : « Ma fille, l'a-« mour doit l'emporter sur la crainte ; communie et

« ne crains rien : c'est moi qui le veux ainsi et qui
« y trouve mon plaisir. Je suppléerai à tout ce qui
« manque de ton côté. » Un jour de Saint-Jean l'É-
vangéliste, ce grand saint lui apparut revêtu d'un
éclat admirable et d'une beauté au-dessus de toute
expression. Il descendit jusqu'auprès d'elle, et, la
prenant par la main : « Je suis, lui-dit-il, le disciple
« bien-aimé qui t'ai conduite jusqu'ici. » A son tour,
Marie-Marguerite le pria de vouloir bien lui continuer sa protection et le conjura de lui pardonner le
peu de soin qu'elle avait eu de lui témoigner sa reconnaissance pour ses bienfaits, quoiqu'elle eût depuis longtemps une grande confiance en lui et
qu'elle n'eût laissé passer aucun jour sans l'invoquer.

CHAPITRE VI.

Elle fait l'acquisition d'une maison, pour en faire le premier
monastère du nouvel ordre. Nouvelles faveurs spirituelles.

M. le grand-vicaire d'Avignon, ayant appris la
nomination de Mgr Pinelli au siége archiépiscopal
de cette ville, et que ce prélat ne devait pas tarder
à arriver, alla trouver Marie-Marguerite et lui dit :
« Il est temps maintenant que vous vous procuriez
« une maison qui vous appartienne et où vous

« puissiez vous fixer pour toujours. Si, à son arri-
« vée, le nouvel archevêque vous trouvait dans une
« maison d'emprunt, il pourrait prendre de là
« occasion de vous renvoyer ; ce à quoi il se croirait
« peut-être d'autant plus autorisé, que vous vous
« êtes établies dans son diocèse durant la vacance
« du siége. » La mère de Villard, comprenant très-
bien toute la portée et la sagesse de ce conseil, en fit
tout de suite part à la fondatrice, la priant de lui
faire parvenir l'argent que, dans le contrat de fondation, elle s'était engagée à donner. Mais la mère
de Matel, agissant en conséquence du système d'é-
preuves auquel elle soumettait depuis longtemps sa
zélée coopératrice, l'abandonna entièrement à ses
propres ressources. Marie-Marguerite acheta donc
comme elle put une maison qui n'était guère éloignée de celle qu'on avait d'abord louée. Cette habi-
tation cependant ne lui avait guère convenu, parce
qu'elle lui paraissait trop petite et dans une position
à ne pouvoir pas être facilement agrandie. Mais le
Verbe incarné lui fit entendre intérieurement qu'il
voulait être servi en ce lieu. Lorsqu'elle apporta le
prix de cette maison au notaire chargé de le recevoir,
elle se trouva en dessous de la somme voulue, de
deux écus d'or. Là-dessus elle dit à la sœur qui
l'accompagnait : « Il nous faut de nouveau aller à
« notre coffre pour voir s'il n'y est rien resté. » Cette
sœur lui répondit : « Vous savez bien, ma révérende
« mère, qu'il n'y a plus rien dans le coffre : vous

« l'avez vu de vos yeux aussi bien que moi. » Mais
Marie-Marguerite ne s'en tint pas là. Animée de
cette confiance qui obtient les prodiges, elle alla visiter le coffre de la communauté et y trouva juste
les deux écus d'or qui lui manquaient pour complé-
ter la somme due : ce qui jeta sa compagne dans
l'admiration et fut regardé par elle comme un vrai
miracle. Enfin la nouvelle maison ayant été disposée
convenablement, on y porta le Saint-Sacrement en
procession : c'était la veille de la Fête-Dieu de
l'an 1642. Le lendemain, jour de la fête (qui est la
première de l'ordre), le Saint-Sacrement fut exposé
avec indulgence plénière. Il y eut un grand concours
de fidèles : les ouvriers eux-mêmes qui avaient été
employés à réparer la maison, voulurent y faire
leurs dévotions en reconnaissance de ce que Dieu,
par amour pour la supérieure, les avait délivrés d'un
danger évident. Marie-Marguerite profita de cette
circonstance pour leur représenter combien ils
étaient obligés de vivre chrétiennement, s'ils ne
voulaient être surpris par la mort en mauvais état ;
et ses avis leur firent une impression si salutaire,
que l'un d'eux fit le pèlerinage de la Terre-Sainte,
et l'autre entra dans l'ordre des Minimes, où il mourut en odeur de sainteté. Le soir du même jour,
après les vêpres, elle eut la consolation de donner
l'habit à une jeune demoiselle, appelée Henriette de
Beauchamp, qui prit en religion le nom de sœur
Marie de la Mère de Dieu.

Dans une retraite que Marie-Marguerite fit quelque temps après avoir acheté la maison dont nous venons de parler, et un jour qu'elle méditait sur les souffrances de Notre-Seigneur Jésus-Christ, le divin Maître lui apparut et lui dévoila les diverses circonstances de sa Passion, lui disant de temps en temps : « Vois ma fille, ce que j'ai souffert pour ton amour.» Elle se trouva à la suite de cette vision toute transportée d'amour et pénétrée d'une vive compassion pour les douleurs de son divin Epoux ; et les effets des sentiments qu'elle éprouva furent tels, que, le sang lui bouillant dans les veines, on fut obligé de lui pratiquer une abondante saignée pour la soulager. Le remède produisit réellement en elle le résultat désiré ; mais il lui resta toujours un ardent désir de souffrir les peines les plus cruelles pour l'amour de son Rédempteur. Le même jour, Notre-Seigneur lui apparut encore à l'oraison du soir et lui dit avec beaucoup de douceur : « Ma fille, aime « les sœurs, comme je t'ai aimée moi-même, et « pense souvent à mon humilité. » Ces paroles lui inspirèrent un grand respect pour les religieuses qui lui étaient soumises. Depuis ce moment-là elle leur donna le nom de *sœurs*, n'osant plus les appeler ses filles. Elle ne se donnait cette liberté que lorsque l'une d'elles venait lui communiquer quelque peine d'esprit et qu'elle avait besoin de quelques paroles de douceur pour la consoler. Également, dès lors, elle médita plus fréquemment sur l'humilité de

Notre-Seigneur Jésus-Christ et en fit le sujet le plus ordinaire de ses entretiens. Un autre jour, comme elle montait les degrés de l'escalier de la maison, le petit Jésus se présenta devant elle et, lui sautant au cou, l'embrassa avec tendresse, lui faisant en même temps éprouver des transports d'amour au de là de toute expression. La même année et la veille de la fête de Sainte-Madeleine, elle vit en esprit deux beaux diamants qui étaient dans la boue ; on lui fit sentir que ces deux pierres précieuses étaient la figure de deux novices, qui, devant le lendemain faire profession, allaient ainsi être retirées de la boue du monde par la divine Providence. Enfin, le jour même de Sainte-Madeleine, commme elle demandait à Notre-Seigneur pendant la messe qu'il voulût bien lui faire part de l'amour que cette illustre pénitente avait eu pour lui, l'Enfant Jésus, venant de l'autel, s'avança vers elle et lui dit ces douces paroles : « Ma fille, « qu'aimes-tu mieux, ou que je demeure en toi, ou « que tu demeures en moi ? » A quoi elle répondit : « Seigneur, ce qui vous sera le plus agréable, est « aussi ce que j'aime le mieux. » Puis, le prêtre qui disait la messe venant à prononcer les paroles de la consécration, l'Enfant Jésus se sépara de Marie-Marguerite et alla se mettre dans la sainte Hostie.

CHAPITRE VII.

Contradictions qu'elle éprouve de la part de la fondatrice.
Ses craintes au sujet de la communion.

La mère de Matel était parvenue à pouvoir établir deux autres monastères, l'un à Paris et l'autre à Grenoble. Elle résolut d'aller prendre, pour ces nouvelles maisons, quelques religieuses au monastère d'Avignon. Or, avant même qu'elle eût formé ce dessein, Dieu daigna le révéler à la mère de Villard de la manière suivante. Il lui sembla voir en un songe un grand arbre qui n'avait ni branches ni feuilles, mais qui était chargé de beaux fruits. La fondatrice regardait cet arbre de bien loin ; puis, s'en étant approchée, elle cueillit de sa propre main quatre de ses fruits : ce qui fit croire à Marie-Marguerite qu'elle allait au premier moment lui enlever quatre de ses religieuses. En effet, la mère de Matel arriva bientôt après et lui fit connaître que tel était le but de son voyage à Avignon. La mère de Villard la reçut avec la joie et l'empressement qu'éprouve une fille bien née en revoyant une mère qui vient de loin et qu'elle n'a pas vue depuis longtemps. Elle alla la recevoir à la porte en procession avec toutes les religieuses, se prosterna à ses pieds et l'embrassa avec larmes. Mais ce contentement ne devait

pas être de longue durée. Les supérieurs ecclésiastiques s'étant montrés fortement opposés au dessein
de la fondatrice [et surtout ne voulant point absolument qu'elle leur enlevât la mère de Villard,
qu'ils regardaient comme nécessaire à une maison
encore naissante, la mère de Matel crut que
Marie-Marguerite était la cause de cette résistance
à ses dispositions et que, ne voulant pas elle-même
quitter Avignon, elle avait fait parler les supérieurs
en sa faveur. L'humble supérieure eut beau protester qu'elle n'était pour rien dans cette affaire, et
qu'elle était entièrement soumise à ses ordres, la
fondatrice n'en persista pas moins dans sa préven-
tion et ne cessa de lui en témoigner son mécontentement. Enfin, la mère de Matel finit par obtenir de
prendre avec elle quatre des religieuses, dont l'une
était la fille spirituelle de Marie-Marguerite. Cette
séparation ainsi que la pensée que sa mère en Jésus-
Christ s'en allait mécontente, affligèrent tellement
la mère de Villard, qu'elle en fut malade pendant
quelques jours. Mais cette épreuve ne s'arrêta pas
là : quelque temps après le départ de la mère de
Matel, le grand-vicaire d'Avignon alla visiter le petit
troupeau du Verbe-Incarné, et n'y trouvant que cinq
professes, quatre novices et deux converses, il jugea
à propos de joindre l'une de ces deux dernières aux
sœurs de chœur. Or, la fondatrice, ayant appris la
nouvelle d'un changement sur lequel elle n'avait pas
été consultée durant son séjour à Avignon, l'imputa

à la mère de Villard et lui écrivit à ce sujet les choses les plus humiliantes, l'accusant entre autres choses d'avoir élevé cette sœur converse à un degré supérieur, parce qu'elle était de son pays.

La rigueur de cette lettre était cependant au fond plus simulée que réelle, car la mère de Matel était partie d'Avignon fort satisfaite de l'état de la maison et des dispositions intérieures des nouvelles religieuses.

A mesure que Marie-Marguerite avançait dans la connaissance de Dieu et que sa propre bassesse et son néant se découvraient à ses yeux, sa crainte révérentielle à l'égard du saint Sacrement de l'autel s'accrut au point de lui faire vivement appréhender de s'approcher de la sainte Table.

Or, tandis qu'elle se trouvait ainsi éprouvée, le P. Gibalin de Villard, son oncle, vint à passer à Avignon : c'était lorsqu'il allait accompagner à Rome le cardinal-archevêque de Lyon. Il voulut donner quelques jours à sa nièce, pour s'informer de l'état de son âme et l'aider de ses conseils. L'humble supérieure, craignant qu'il ne la flattât beaucoup trop, lui fit, avec un peu de peine, l'ouverture de sa conscience. Elle lui avoua donc l'ardeur dont elle brûlait pour la sainte Communion, et les appréhensions qu'elle avait de s'en approcher. « Plusieurs fois, lui dit-elle, « ces combats intérieurs de désirs violents d'un côté, « et de grandes craintes de l'autre, me réduisent à « n'en pouvoir plus et à ne savoir où j'en suis. »

Après l'avoir entendue et questionnée autant qu'il le fallait, le Révérend Père, son oncle, qui la connaissait déjà à fond, lui dit : « Humiliez-vous de- « vant Dieu, soyez fidèle à le remercier de ses « grâces, et puis communiez tous les jours, je vous « le commande ; je prends cela sur ma conscience « et j'en répondrai pour vous. » Cependant, malgré l'estime qu'elle avait pour son digne oncle et la confiance qu'elle avait en ses lumières, elle ne voulut pas mettre ses conseils en pratique, avant d'en avoir conféré avec son confesseur ordinaire et d'en avoir obtenu un commandement exprès d'agir de la sorte. Ce directeur partagea facilement la manière de voir du P. de Villard, et dès lors elle se confessa et communia tous les jours tant qu'elle en eut la commodité. Néanmoins, ces appréhensions ne l'abandonnèrent pas. Elles étaient même si vives qu'un jour, pendant la messe, comme elle en souffrait plus que d'ordinaire, elle dit avec larmes à Notre-Seigneur Jésus-Christ : « Seigneur, je confesse ici devant vous « que durant toute ma vie je n'ai fait qu'abuser de « vos bontés, et je vous en demande très-humble- « ment pardon. D'un autre côté, je vous conjure de « ne pas négliger votre gloire, comme vous l'avez « fait jusqu'à présent, et pour cet effet daignez « agréer que je me dépouille entre vos mains de « toutes les grâces que vous m'avez accordées et de « toutes les faveurs que vous m'avez faites, afin « que vous les donniez à d'autres âmes plus ca-

« pables de vous procurer tout l'honneur que vous
« méritez : je ne connais absolument personne qui
« ne le sache mieux faire que moi. Tout ce que je
« souhaite pour moi, c'est la grâce de savoir me
« repentir de ne vous avoir pas glorifié comme j'au-
« rais dû le faire, et le temps d'en faire pénitence. »

Une si belle prière ne pouvait qu'arriver droit et
promptement au cœur de son Dieu. Aussi, au moment de la communion, elle vit au-dessus d'elle une
nuée assez grande et d'une blancheur éclatante. Le
Saint-Esprit était sur cette nuée sous la forme d'une
colombe, et il en tombait autour d'elle comme une
pluie de manne ou de petits flocons de neige. En
même temps, dans une autre nuée qui se trouvait
plus haut, le Verbe incarné disait à son Père :
« Voilà mon image sur terre. » Mais ce n'est pas la
seule faveur par laquelle Dieu chercha à lui adoucir
ses craintes. Un autre jour qu'elle s'en était plainte à
la sainte Vierge et lui avait demandé son assistance,
elle vit le prêtre, qui venait la communier, accompa-
gné d'un côté par Marie, et de l'autre par saint
Joseph, qui, tous les deux, tenaient un beau lis à la
main et le lui placèrent sur la tête en guise de couronne, en lui disant : « Nous vous faisons part de
notre pureté afin que vous soyez digne de recevoir
notre très-cher Fils. » Un autre jour encore, comme
elle entrait dans le chœur pour la récitation des
Matines, l'Enfant Jésus vint au-devant d'elle et se
jeta à son cou pour l'embrasser, et cela avec une

inexprimable tendresse. Enfin, sans doute de peur
qu'elle ne fût tentée de concevoir sur le compte
de ses sœurs les craintes qu'elle éprouvait pour elle-
même, Dieu lui accorda, le jour de la fête des
Saints-Anges-Gardiens, et au moment de la communion, une vision bien consolante. Elle aperçut, à
côté de chacune de ses religieuses, son bon ange,
lui donnant un beau lis ; et ces fleurs remplissaient
le chœur de l'odeur la plus suave. A cette vue, elle
se mit à remercier très-affectueusement ces esprits
célestes, et les pria avec un très-grand respect de
vouloir bien continuer sans cesse leurs bons offices
à l'égard de ses filles, de leur obtenir à chacune
d'elles et à elle-même en particulier la grâce de conserver toujours la pureté de l'âme et du corps, et de
ne pas souffrir que rien d'impur pût jamais infecter
et déshonorer la maison.

CHAPITRE VIII.

On l'envoie à Grenoble pour traiter quelques difficultés
survenues dans le second monastère de l'ordre. Succès
qu'elle obtient dans cette mission.

La réputation que l'institut naissant du Verbe-
Incarné s'était déjà acquise en peu de temps, fit que
Mgr l'évêque de Grenoble pria la fondatrice d'établir

une maison de son ordre dans sa ville épiscopale.
Après les plus heureux commencements, le démon,
voulant empêcher le grand bien qui allait se faire
dans ce saint asile, se servit, pour y mettre obstacle,
de deux personnes qui étaient cependant de qualité
et d'un mérite distingué. C'étaient le directeur de la
maison et sa belle-sœur. L'un et l'autre avaient
beaucoup à cœur les intérêts du monastère, mais
ils avaient fini par se donner un tel ascendant,
qu'il fallait que tout passât par leurs mains et que
l'on se soumît à toutes leurs dispositions ; et cela
quelquefois au détriment de la règle et de la volonté des supérieurs. La sœur qui se trouvait à la
tête de cette maison, après avoir usé, mais en vain,
de tous les moyens possibles pour remédier à cet
abus, s'en plaignit à la mère fondatrice. Celle-ci,
jugeant que Marie-Marguerite était, plus que personne, capable de guérir le mal, lui écrivit d'avoir
à se rendre à Grenoble. D'un autre côté, Mme de
Lesdiguières, épouse du connétable de ce nom,
ayant eu connaissance de ce qui se passait dans cet
établissement, auquel elle portait un grand intérêt,
joignit ses instances à celles de la fondatrice auprès de la mère de Villard, sur la sagesse et l'influence de laquelle elle comptait beaucoup, à cause
des rapports avantageux qu'on lui avait faits de ses
vertus et de son talent pour la conduite d'une communauté. Ces deux lettres surprirent beaucoup Marie-Marguerite : outre qu'elle était habituellement

dans la persuasion de son incapacité à tous égards,
elle ne pouvait pour ainsi dire se résoudre à partir,
en pensant que les difficultés qui la faisaient appeler,
n'avaient pu être surmontées par des personnes d'un
mérite bien supérieur. Dans son embarras, elle s'empressa, après avoir fait la sainte communion, de
représenter à Notre-Seigneur Jésus-Christ la peine
qu'elle éprouvait et en même temps son peu d'habileté à traiter des affaires si délicates. Le divin
Maître lui fit entendre ces paroles : « Allez ; jadis je
« me suis bien servi de Moïse pour le faire parler à
« des rois, quoiqu'il eût de la peine à s'exprimer. »
Dans une autre communion, elle se permit encore
de prier Notre-Seigneur d'envoyer toute autre personne qu'elle-même au monastère de Grenoble, et
il lui répondit : « N'ai-je pas autrefois fait parler
« l'ânessse de Balaam ? » Enfin, après une troisième
communion, elle osa s'excuser sur son incapacité,
et son divin Époux lui dit : « Tant que la baguette
« de Moïse a été dans sa main, elle a fait des mer-
« veilles ; mais hors de sa main, elle s'est changée
« en serpent. Eh bien ! sache que toi-même tu seras
« le serpent qui rampe par terre, si tu veux sortir de
« ma main. Demeures-y donc, et tu verras ce que je
« ferai. » Ces paroles la jetèrent dans une sainte
confusion ; elle demanda pardon à son Dieu de son
peu de foi et se jeta entre les bras de la Providence.

Marie-Marguerite partit d'Avignon dans le mois
de décembre de 1644, et ce fut l'avant-veille de

Noël qu'elle arriva à Grenoble. Avant d'entrer dans
le monastère, elle alla dans une église offrir ses
hommages à Notre-Seigneur Jésus-Christ, le priant
de venir à son aide et se soumettant d'avance à
tous les sacrifices et à toutes les peines qu'il lui
plairait de lui faire subir. Le divin Maître agréa son
offrande, et lui témoigna même d'une manière sensible que ses dispositions lui faisaient plaisir. Mgr l'é-
vêque de Grenoble, ayant appris son arrivée, l'envoya aussitôt chercher en voiture. Il lui tardait de
s'assurer par lui-même si les rapports excellents
qu'on lui avait faits de cette religieuse étaient réellement conformes à la vérité. La modestie de la mère
de Villard et la sagesse de ses discours charmèrent,
en effet, le vénérable prélat ; il remercia Dieu de lui
avoir envoyé une si sainte fille, et se reposa entièrement sur sa conduite. De son côté, Marie-Marguerite se mit immédiatement à l'œuvre avec toute la
vigueur et toute la prudence qu'on pouvait désirer.
Elle lut aux religieuses les constitutions de l'ordre,
et leur fit surtout remarquer ce qu'elles devaient à
leur confesseur, jusqu'où son autorité s'étendait et
quelles en étaient les bornes. Elle leur fit remarquer
encore que, d'après le bref du Saint-Siège, les communautés du Verbe-Incarné doivent être soumises
aux ordinaires, comme à leurs supérieurs légitimes.
Elle s'adressa ensuite au directeur, dont on avait à
se plaindre, et chercha à lui faire voir que nulle
part, dans aucune maison religieuse, les directeurs

ne se donnaient des libertés du genre de celles qu'il prenait; et que l'on ne pouvait lui permettre de continuer à agir de la sorte, sans exposer l'établissement qu'il dirigeait aux suites les plus funestes quant à l'esprit de l'institut. Mais cet ecclésiastique, ni Mme sa belle-sœur, ne se montrèrent pas d'humeur à se conformer à ses remontrances : à cette vue, la mère de Villard pria Mgr de Grenoble de donner un autre confesseur aux religieuses, et cela mit fin à tous les troubles. Après avoir tout pacifié et fait partir pour Paris quelques religieuses que la mère de Matel lui avait donné ordre de lui envoyer, Marie-Marguerite se mit en mesure de regagner elle-même son monastère. Le temps était mauvais, et on aurait voulu jouir un peu plus du bonheur de la posséder; mais elle répondit, à toutes les instances qui lui furent faites, que, le terme fixé par l'obéissance étant arrivé, elle ne pouvait rester davantage sans donner un mauvais exemple. Elle arriva à Avignon vers la fin du mois de janvier de 1645. Elle y trouva un grand nombre de postulantes qui attendaient son retour avec impatience. Il y avait parmi elles une jeune demoiselle que le Verbe incarné lui avait fait connaître auparavant, en lui disant qu'il la mettait en dépôt dans un autre monastère pour un peu de temps, mais qu'il voulait qu'elle entrât dans son ordre, et qu'elle y serait un jour une très-bonne religieuse.

CHAPITRE IX.

Dieu lui accorde d'autres faveurs spirituelles.

La veille de son départ de Grenoble, comme Marie-Marguerite était dans le chœur à admonester une jeune professe, qui avait montré beaucoup de résistance à certains ordres qu'on lui avait donnés, elle vit tout à coup le petit Jésus sortir du tabernacle. Il se montrait, avec un air plein de bonté, dans un cœur transparent et d'une couleur de feu éclatante. Le divin Enfant vint vers elle avec une grande vitesse, et, entrant dans sa poitrine, lui fit éprouver de grands transports d'amour. Dès ce moment, il lui vint une palpitation de cœur qu'elle n'avait point ressentie depuis deux ans, et Dieu lui fit connaître que cette agitation n'avait rien de naturel, mais qu'elle était le résultat de la visite qu'il venait de lui faire. Le jour de l'Annonciation, qui est une des grandes fêtes de l'ordre, elle fut ravie en extase, comme elle entrait au chœur, et il lui fut accordé de voir l'Incarnation du Verbe. La sainte Vierge, qui paraissait d'une admirable beauté, était dans une haute élévation, près de Dieu. Le Saint-Esprit était immédiatement au-dessus de Marie, et répandait sur elle des rayons de pureté en forme de rosée, qui tombait jusqu'autour de Marie-Marguerite, et s'imbibait ensuite dans la terre. L'archange Gabriel était à deux pas de la sainte Vierge, mais bien plus bas qu'elle, et lui parlait avec une profonde et pieuse révérence. Durant cette visite, les trois personnes de la très-sainte Trinité, au dire de Marie-Marguerite elle-même, lui accordèrent les plus grandes faveurs qu'elle eût jamais reçues jusqu'alors. Un ecclésiastique de sa connaissance, et peu favorisé des dons de la fortune, l'avait souvent priée de lui obtenir de Dieu quelque moyen de subsister. Après avoir attendu longtemps ce qui n'arrivait jamais, il lui dit un jour sur le ton d'un reproche familier : « Vous « m'avez bien fait espérer, mais je ne vois rien ve- « nir. — Monsieur, lui répondit-elle, il faut avoir un « peu de patience. — Il y a longtemps que j'en ai, « répliqua le prêtre ; mais il faut aussi que vous re- « nouveliez vos instances auprès de Dieu avec une « nouvelle ferveur : autrement, je demeurerai tou- « jours comme je suis. » Marie-Marguerite se mit donc à prier davantage, et Dieu daigna lui faire con-naître qu'elle allait être exaucée. En effet, quelque temps après, cet ecclésiastique fut pourvu d'un ca-nonicat dans une église cathédrale, où il jouit, du-rant toute sa vie, de l'estime de son prélat et de l'af-fection de tous les membres du chapitre.

Vers le même temps, Marie-Marguerite, se trou-vant indisposée au moment d'aller réciter les vêpres avec la communauté, se retira dans le chœur d'en haut de la chapelle, pour passer le temps de cet office

*

en adoration devant le Saint-Sacrement aussi bien qu'elle le pourrait. Là, pendant qu'elle répandait généreusement son âme devant Dieu, elle éprouva une extase sublime, où elle se sentit attirée à s'unir à lui de la manière la plus intime. L'ardeur qu'elle éprouvait la porta à lui dire avec beaucoup de simplicité‘ et sans trop savoir ce qu'elle disait : « O amour! ô « mon Dieu! pourquoi suis-je ce que je suis; que ne « suis-je ce que vous êtes, pour être entièrement à « vous, ô amour! ô ma vie ! ô mon tout! » Il lui fut répondu : « Eh bien ! ma fille, je le veux, doréna- « vant, nous ne serons qu'un, nous deux. » Il lui sembla en même temps que Dieu prenait possession d'elle dans une union si intime qu'elle ne faisait qu'un avec lui. Elle ressentit aussi alors deux grandes impressions, l'une d'un amour si ardent qu'il lui semblait être tout en feu, et l'autre d'une confusion si grande à la vue de ces faveurs dont elle se croyait très-indigne, qu'elle n'osait lever les yeux.

Un autre jour, durant la semaine sainte, comme elle était à prier dans sa chambre, son ange gardien lui fit entendre ces paroles : « De quelle manière l'Epouse d'un Dieu crucifié doit-elle vivre sur la terre? » Cette question lui laissa dans l'âme un vif désir de ne vivre que sur la croix en cette vie, et d'y mourir pour ainsi dire à tous les instants, afin de prendre la plus grande part possible aux souffrances de Notre-Seigneur Jésus-Christ. Quelques années auparavant, elle s'était sentie, une fois pendant l'oraison, inspirée de faire à Dieu l'offrande et l'abandon complet de tous ses mérites passés et futurs, afin que, s'étant dépouillée de tout, et n'ayant plus rien qui lui appartînt en propre, elle pût se trouver dans l'état du détachement le plus parfait aux yeux de son divin Époux. Mais, à l'époque de sa vie où nous nous trouvons, se rappelant un' jour les engagements qu'elle avait pris à cet égard, et faisant réflexion qu'elle n'avait plus rien à sa disposition, et que Dieu était le maître de toutes ses bonnes œuvres, elle se mit à craindre de n'avoir pas bien agi en se rendant incapable de pouvoir appliquer à qui que ce fût ses prières et ses autres actions de piété. Mais Dieu lui fit connaître qu'il avait agréé l'offrande qu'elle lui avait faite de toutes ces richesses surnaturelles, qu'il voulait qu'elle lui laissât tout son bien spirituel, qu'il la déchargeait de toute dispensation et de toutes les libéralités qu'elle avait dû ou pu faire à d'autres, et qu'au reste il saurait bien lui-même en disposer d'une manière convenable. Rassurée et consolée par cette manifestation du bon plaisir de son Dieu, Marie-Marguerite s'empressa de renouveler son ancienne offrande, ce qu'elle fit avec plus de satisfaction que jamais. Elle déposa de nouveau entre les mains de Dieu tous les trésors qu'elle avait acquis, étant d'un côté affligée d'avoir si peu à donner, et de l'autre ravie de joie de se voir nue de tout bien, pour être moins à elle-même et plus à Dieu, ainsi que plus dépendante de lui. Cependant, quoiqu'il soit bien difficile de conserver de bas sentiments de soi-même, quand on se voit élevé, et que les faveurs même célestes et le plus haut état de perfection donnent souvent aux âmes les plus saintes des pensées de présomption dont elles ont peine à se défaire, il n'arrivait jamais à Marie-Marguerite de s'élever, quelques grâces qu'elle reçût du ciel; plus elle en était favorisée, plus aussi elle éprouvait de confusion au dedans d'elle-même, et plus son indignité et son néant se découvraient à ses yeux. Elle était tout étonnée que Dieu daignât penser à elle, et demeurait persuadée que les faveurs qu'elle recevait lui étaient accordées, non en sa considération, mais à cause des filles confiées à ses soins. C'est dans ces humbles sentiments qu'elle disait quelquefois à Dieu : « Voici votre pauvre perdue, ô amour! voici votre pauvre perdue, qui ose « paraître devant vous. »

CHAPITRE X.

Dieu l'afflige et la console. Trois grandes faveurs spirituelles.

Pour établir de plus en plus sa fidèle servante dans la vertu d'humilité, qui est la base de toute perfection, Dieu fit alors passer Marie-Marguerite dans un état de désolation intérieure, qui lui dura l'espace

de quatre mois. Cette grande épreuve commença
pour elle avec la privation de la communion journalière, épreuve à laquelle le confesseur de la maison
jugea à propos de la soumettre. Dans les premiers
jours qui suivirent cette injonction de son père spirituel et dans une des communions qu'il lui était encore permis de faire, elle éprouva d'abord un doux
attrait, dans lequel son bien-aimé l'invitait à de saints
embrassements ; puis, vers la fin, le divin Maître lui
sembla prendre congé d'elle comme pour quelque
temps, et avec toute la douleur d'un époux obligé de
se séparer d'une épouse tendrement aimée. Un moment après, elle eut une vue si distincte de sa misère, qu'elle ne trouvait rien de bon au dedans d'elle-
même, et n'y apercevait au contraire qu'un amas de
péchés et d'imperfections. Elle était si pénétrée de
son indignité, de la grandeur et de la multiplicité de
ses offenses, qu'il lui semblait à tout moment qu'on
allait la précipiter dans les enfers, et que ces abîmes
n'étaient pas assez horribles pour une pécheresse
comme elle. D'un autre côté, à ces vives craintes il
vint se joindre une incomparable désolation : elle
se trouvait intérieurement comme une personne
perdue au sein d'une vaste forêt, dans les ténèbres de la nuit, sous un ciel sans étoiles, errant
sans compagne aucune au milieu des bêtes féroces
de toute espèce, et sans espérance de secours. Dans
cet état, elle n'éprouvait aucun sentiment de dévotion, et il ne lui venait aucune pensée de Dieu.

Cette désolation la poursuivait sans relâche, et le jour et la nuit, quand elle s'approchait des saints mystères aussi bien que lorsqu'il ne lui était pas permis de le faire. Elle souffrait tellement qu'elle séchait à vue d'œil, et paraissait mourir plutôt qu'elle ne vivait. Pendant cette terrible épreuve, un jour, à l'office de Matines, son trouble fut si grand qu'elle ne savait plus ce qu'elle faisait. En même temps, il lui survint un mal de tête affreux, de sorte qu'il lui sembla qu'elle allait perdre l'esprit. Dans cette persuasion, elle recueillit comme elle put les forces de son âme pour faire quelques actes de résignation à la volonté de Dieu, se soumettant entièrement à lui, si son bon plaisir était de la priver de l'usage de sa raison. Cette agitation lui dura toute la nuit suivante, qui lui sembla longue d'un siècle. Cependant le Dieu qui, selon le langage de son Écriture, mortifie et vivifie, comme il lui plaît et quand il lui plaît, voulut lui rendre, après quatre mois des plus cruelles souffrances, l'ancienne paix de son âme dans toute sa sérénité. Une des filles ayant manqué de communier à son rang, il lui vint la pensée de demander à son confesseur la permission de la remplacer : ce à quoi néanmoins elle ne se détermina qu'après avoir fortement combattu ; car elle n'ignorait pas qu'on ferait difficulté de la satisfaire. En effet, son directeur profita de cette occasion pour la mortifier le plus possible. A la fin, pourtant, il céda à ses vives instances, et lui permit même de reprendre ses communions journalières. Elle alla donc au chœur en tremblant, et, comme elle se mettait à genoux, elle se trouva tout à coup dans un entier recueillement, durant lequel Notre-Seigneur Jésus-Christ lui apparut et s'unit à elle d'une manière si intime, que le cœur adorable de ce bon Maître, étant comme collé au sien, les animait tous les deux à la fois. En même temps il lui dit d'un ton familier et plein de tendresse : « Ma fille, ne crains point désormais ; nous n'avons plus tous deux qu'un même cœur et une même vie. » Et tandis qu'il lui adressait ces consolantes paroles, elle s'aperçut que tous les nuages de son esprit se dissipaient, que son âme reprenait comme une nouvelle vie, et la joie que lui causa ce heureux changement se produisit au dehors par une grande abondance de larmes.

Un soir, pendant la récitation des Matines, le Rédempteur du monde se fit voir à Marie-Marguerite tel que Pilate le montra aux Juifs, en leur disant : *Ecce homo!* Voila l'homme! ce divin Sauveur avait un roseau à la main et une couronne d'épines sur la tête, et les plaies de la flagellation paraissaient en lui toutes vives et sanglantes. Il jeta sur elle un regard plein d'amour et en même temps de compassion et il lui fit entendre qu'il prenait d'avance une grande part à ce qu'elle aurait à souffrir. En effet, quelque temps après, il lui survint une maladie d'entrailles qui lui dura près de deux mois, et cette infirmité l'affaiblit et la fit souffrir

tellement que l'on finit par désespérer de sa guérison. Mais Dieu, qui voulait s'en servir encore pour
sa gloire, lui rendit la santé d'une manière miraculeuse. Dans un de ces courts instants de sommeil
dont il lui était permis de jouir, il lui sembla qu'elle
était déjà dans le tombeau, et que saint Joseph lui
donnait la main pour en sortir. A la suite de ce
songe, elle se trouva mieux et peu après elle fut
entièrement rétablie. Vers le même temps, à l'une
des fêtes de Pâques et pendant qu'elle entendait
dévotement la messe, il lui fut donné de voir saint
Pierre, le prince des apôtres. Il était comme dans
une vaste solitude, et là il pleurait à chaudes larmes le
malheur qu'il avait eu de renier son aimable Maître.
Un instant après, elle vit aussi Notre-Seigneur Jésus-
Christ, vêtu de blanc et ravissant de beauté, lequel
s'avança vers son apôtre et jeta sur lui un regard si
doux et si plein d'amour, que les larmes du disciple repentant firent place aux transports d'une
sainte joie. A cette vue, Marie-Marguerite, jalouse
du bonheur de ce saint, s'adressa au Sauveur et lui
dit : « Seigneur Jésus, j'ose vous supplier, au nom
de votre infinie bonté, de me faire part de ce doux
regard dont vous avez favorisé le chef de vos
apôtres. » Le divin Maître l'exauça immédiatement,
et elle se sentit comme nager dans un océan de consolation et de plaisir. C'est ainsi que Dieu conduisa
sa fidèle servante par les voies où il fait passer ses
âmes d'élite, lui envoyant tantôt toute sorte de dou-

ceurs et de joies spirituelles, et tantôt des amertumes et des tristesses profondes, mêlant les unes
avec les autres, ou les faisant se succéder de manière à lui rendre ses faveurs plus douces par la
transition de l'épreuve à la consolation ; et cela pour
la maintenir dans une humilité d'autant plus profonde, qu'il voulait l'élever davantage en grâce.

CHAPITRE XI.

Elle grave le nom de Jésus sur sa chair, à l'endroit du cœur.

Un jour, Marie-Marguerite se préparait à la sainte
communion ; elle suppliait d'une manière toute spéciale la sainte Vierge de vouloir bien elle-même la
disposer à une si sainte action, et présenter au Père
Éternel les litanies du saint nom de Jésus qu'elle
allait réciter, afin qu'en considération du nom de
son cher Fils et de ses mérites, il lui accordât la
grâce de le recevoir le plus dignement possible. Ses
vœux furent exaucés au delà de ses espérances.
Après la communion, le Verbe incarné, se montrant
à elle, l'embrassa étroitement et lui dit : « Je
t'aime; ton cœur est à moi; je veux que tu m'y
mettes dessus comme un sceau : ce sceau ce sera
mon nom; je souhaite que tu le graves sur ton
cœur; cela me fera un grand plaisir. » Le divin

Maître lui réitéra la même invitation plusieurs jours de suite, lui disant : « Ce nom sera ta sauvegarde, il sera ta force, il te donnera la victoire sur tous tes ennemis, il sera la marque de tes engagements et de ta servitude, le signe de mon domaine et de mon empire. » Elle prit cependant ces paroles comme une caresse, plutôt que comme la manifestation d'une volonté formelle et d'un commandement exprès ; c'est pourquoi elle différait toujours d'obéir. D'ailleurs, comme il s'agissait d'une chose assez extraordinaire, elle craignait d'être le jouet de quelque illusion. D'un autre côté, elle n'osait s'ouvrir à personne à ce sujet, de peur de s'attirer de la gloire ; et pourtant elle n'aurait pas voulu, sans la permission de son confesseur, exécuter un ordre de cette nature, quoique venu du ciel. Enfin le divin Maître, prenant pitié de son embarras, lui dit une dernière fois : « Je vais, ma fille, te donner une marque à laquelle tu reconnaîtras que tu n'as pas été trompée, et que je veux réellement ce que je t'ai déjà demandé. Ton confesseur t'ordonnera de porter un écriteau sur ta poitrine, pour t'humilier devant tes sœurs, les autres religieuses : si cela est, oseras-tu douter encore de la réalité du désir que je t'ai fait connaître ? » En effet, le lendemain, qui était la fête de sa patronne, sainte Marguerite, vierge et martyre, son confesseur lui dit au saint tribunal : « Puisqu'aujourd'hui c'est votre fête, vous allez pendant la récréation porter sur votre poitrine cet écriteau où j'ai en gros caractères tracé ces mots : *Sainte Marie-Marguerite de Jésus ;* vous serez assise sur une grande chaise et vous vous ferez baiser les pieds à toutes les sœurs par honneur pour votre sainteté. » Elle se soumit sans répliquer à un commandement si pénible ; parce qu'elle n'aimait rien tant que l'obéissance. Seulement, après être sortie du confessionnal et pendant qu'elle était en adoration devant le Saint-Sacrement, il lui vint la pensée d'aller faire connaître à son confesseur l'ordre qu'elle avait reçu tant de fois de la part de Notre-Seigneur Jésus-Christ et de lui demander la permission de l'exécuter. « Mon père, lui dit-elle, j'ai accepté avec soumission l'humiliation que vous m'avez imposée et je suis disposée à la subir entièrement ; maintenant, à mon tour, je viens vous prier de me permettre de faire un autre écrit qui ne contiendra que le nom de Jésus et de le graver sur ma propre chair. Le confesseur fit d'abord quelque difficulté ; mais enfin il se rendit à ses désirs ; ce qui fut pour elle la cause d'une indicible satisfaction. Ainsi, à la fin de None, elle alla s'enfermer dans sa chambre pour procéder à son opération sainte. Elle voulait se servir d'une plume pour tracer auparavant les lettres ; mais son bon ange la lui enleva. De sorte qu'elle fut obligée de se servir seulement d'une lancette. Enfin, se mettant à genoux et protestant à son divin Époux qu'elle se reconnaissait très-indigne de porter sur sa chair un nom aussi grand que le sien, elle se le grava à l'endroit du cœur, tel qu'on le voit dans cette image.

En gravant la croix, elle alla plus avant dans la chair que pour les lettres, et le sentiment qui l'animait alors, à ce qu'elle a déclaré plus tard, c'était un vif désir, si cela lui eût été permis, de verser tout son sang pour témoigner tout son amour. Dès ce jour, elle porta souvent sur elle le saint nom de Jésus, fait avec de petites pointes. Elle l'appliquait sur le nom gravé dans sa chair, soit pour entretenir, soit pour renouveler sans cesse des cicatrices qui lui étaient si précieuses. Le jour qu'elle exécuta cet ordre de son divin Époux, elle parut si enflammée

de l'amour divin, et même ce feu la rendit si belle,
que les autres religieuses en étaient tout étonnées
et la suivaient partout sans pouvoir se lasser de la
contempler.

CHAPITRE XII.

Quelques autres faveurs spirituelles.

Le jour de l'Invention de la Sainte-Croix, au commencement de l'oraison du matin, Marie-Marguerite, ayant été ravie en extase, vit venir vers elle le
Fils de Dieu. Il portait à la main une croix et lui fit
entendre qu'il voulait la donner à quelqu'un; enfin,
après avoir comme cherché à qui il en ferait présent,
il la lui mit entre les bras du côté droit, la pressant
contre elle avec un doux sourire; et il disparut,
lorsque sa fidèle servante eut pris cette croix entre
ses mains pour la baiser avec respect et amour. Alors
Marie-Marguerite, s'adressant à la croix elle-même,
s'écria : « Croix adorable de mon Sauveur, vous
voilà donc mienne et à ma disposition! Faites-moi
à votre tour ressentir quelques-uns des fruits de
grâce et de salut que vous avez produits sur le
Calvaire. » Ce même jour, au commencement
de la messe, elle reçut encore entre ses bras cette
même croix toute lumineuse, et en même temps

elle sentit une couronne d'épines sur la tête. Puis, à la communion, comme elle venait d'assurer Notre-Seigneur Jésus-Christ de sa résignation à toutes les souffrances qu'il voudrait lui envoyer, il lui sembla que le Sauveur agréait sa bonne volonté et que pour la satisfaire il voulait sans différer lui faire part de sa croix. En effet, à l'instant même, il lui prit un mal de tête des plus violents, et tous les membres de son corps se trouvèrent saisis des douleurs les plus aiguës. Le jour de la Toussaint, Notre-Seigneur lui apparut encore et lui dit : « Je veux te faire porter la marque de mes prédestinées ; » et après lui avoir dit ces mots, il lui fit de sa main bénie le signe de la croix sur le front. Quelque temps avant qu'elle sût qué la fondatrice de l'ordre voulait lui enlever sa sœur Hélène pour la mettre à la tête de la maison qu'elle allait établir à Lyon, Marie-Marguerite eut une vision dans laquelle on lui montra une grande croix, si élevée qu'il fallait des degrés pour y monter, et il lui fut donné à comprendre qu'elle y serait attachée. Ce qui s'accomplit pour elle, lors du départ de sa bien-aimée sœur, qu'elle avait toujours grandement chérie à cause de son innocence et de sa vertu. Mais, au fort de cette douleur, elle reçut une grande consolation. Le jour de la séparation, le petit Jésus se fit voir à elle avec un visage plus riant que d'ordinaire, et lui dit qu'il n'était pas comme elle fâché que sa sœur s'en allât à Lyon avec la religieuse qu'on lui avait donnée pour compagne ; qu'elles de-

vaient toutes les deux lui être très-utiles, lui procurer beaucoup de gloire et donner une grande ex-
tension à son ordre.

La plus pénible de toutes les croix pour Marie-
Marguerite était celle d'être obligée de se trouver à
à la tête de sa communauté, de rester si longtemps
en la charge de supérieure. Sans parler des soins
nombreux qu'il lui fallait avoir dans une pareille
position et qui l'empêchaient la plupart du temps de
s'adonner à la prière autant que son attrait l'y portait, elle tremblait sans cesse pour le salut de son
âme, quand elle faisait réflexion qu'elle était appelée
à jeter les fondements d'un grand ordre, et que,
d'un autre côté, elle se croyait dénuée de toutes les
qualités et de toutes les ressources nécessaires pour
l'accomplissement d'une mission si sublime ; aussi
elle ne manquait pas d'adresser à son divin Époux
de nombreuses plaintes et de ferventes supplications
à ce sujet, et cela surtout à l'époque de l'élection.
Or, après une de ces élections, tandis qu'elle était
prosternée devant le crucifix du milieu du chœur, et
qu'elle exposait au divin Maître sa tristesse et l'amertume de son âme, Notre-Seigneur, lui adressant la
parole du haut de sa croix, lui dit : « Ma fille, tu me
veux bien, mais tu ne veux pas ma croix. » Ce doux
reproche la remplit de confusion, mais il l'encouragea
en même temps et elle s'écria : « Oui, mon Dieu, je
le veux, puisque vous le voulez ; et quand il me faudrait mourir, que votre volonté soit faite. »

A l'époque d'une autre élection, où sa peine était si grande qu'il n'y avait que Dieu seul qui pût la résoudre à accepter le fardeau, Notre-Seigneur Jésus-Christ lui parla encore du haut de la même image et lui dit : « Viens ici, ma fille, approche, je veux que nous soyons crucifiés tous deux ensemble. » Puis lui faisant place sur sa croix, il la prit et la tint près de lui, lui faisant ressentir les tourments de sa Passion et les douceurs de son amour. Un autre jour, dès le commencement de la messe, elle demanda à Notre-Seigneur qu'il lui fît connaître le moyen d'entendre cette messe de la manière qui lui serait le plus agréable et contribuerait le plus à sa gloire. Le divin Maître lui dit qu'elle n'avait qu'à regarder celui qui la disait. Elle le fit, et durant toute cette messe, elle ne vit point d'autre prêtre que le Fils de Dieu, qui offrait lui-même le saint sacrifice. Le célébrant eut aussi sa part de cette faveur spirituelle, sans savoir d'où cela lui venait ; il déclara après la messe qu'il y avait éprouvé tant de consolations, que, si cela durait, il finirait par devenir avide de semblables douceurs. En effet, quand il vit que, toutes les fois qu'il allait dire la messe dans la chapelle du Verbe-Incarné, il y goûtait quelque délectation intérieure, le désir d'éprouver quelque chose de ce genre l'y attira, et il sentit dès lors l'heureux besoin de dire la sainte messe tous les jours ; ce qu'il ne faisait pas auparavant. Le P. Camin, supérieur des Pères de la Doctrine chrétienne d'Avignon, était tombé dangereusement malade : Marie-Marguerite pria Dieu de lui rendre la santé. Notre-Seigneur lui fit connaître, pendant l'oraison, que la santé serait rendue à ce bon religieux, mais qu'il aurait beaucoup à souffrir pour le maintien de la régularité dans son ordre. Une autre fois, elle vit en esprit ce même Père plongé dans une profonde tristesse et comme accablé de désolation ; mais elle aperçut aussi à côté de lui un ange qui cherchait à calmer son amère douleur par des chants tout à fait doux et harmonieux. Quelque temps après, ce Révérend Père étant venu lui rendre visite, elle lui fit part de ce qu'elle avait vu, et à son tour il lui avoua que jamais il ne s'était trouvé dans une aussi grande désolation ; mais que, d'un autre côté, il n'avait jamais senti des consolations plus douces.

CHAPITRE XIII.

Elle agrandit le monastère d'Avignon. Sa patience est exercée
| par de nouvelles adversités.

Comme le nombre des religieuses augmentait sans cesse, le logement finit par devenir insuffisant. Marie-Marguerite songea à pourvoir à cette nécessité ; mais elle était effrayée par la dépense qu'il y aurait à subir. Dans son embarras, elle eut recours à sa ressource ordinaire, c'est-à-dire à la prière, et il lui fut dit : « Tu connaîtras ce que je veux par ce que te dira ton supérieur. » Elle assembla donc son chapitre, qui adopta son projet ; puis elle le fit proposer à Mgr Dominique Marini, archevêque d'Avignon, et ce prélat s'empressa de l'autoriser à agir. Après avoir ainsi pris les mesures convenables, elle se mit immédiatement à l'œuvre de l'agrandissement du monastère. Ses ressources étaient bien modiques ; mais sa confiance en Dieu était grande, et Dieu ne lui fit pas défaut. Toutes les personnes qui furent témoins de sa sainte entreprise ne purent s'empêcher d'y reconnaître mille marques de la protection divine. Au moment voulu, la pension des demoiselles élevées dans la maison arrivait comme d'elle-même ; les parents des religieuses venaient apporter la dot qu'ils leur avaient constituée, et la maison reçut de fortes aumônes de la part de plusieurs personnes pieuses de la ville ; et ce qu'il y eut de plus surprenant, c'est qu'après avoir nourri quelques ouvriers dans la maison, durant une année entière, les dépenses de bouche ne furent pas plus grandes qu'à l'ordinaire. Mais Dieu ne se contenta pas d'accorder à ses filles chéries des soins tout particuliers de sa providence, il voulut aussi faire éclater sa puissance en leur faveur. Un ouvrier manœuvre se laissa choir d'un toit assez élevé : il devait, selon toutes les apparences, ou se tuer ou s'estropier ; mais il ne se fit aucun mal et se remit à son travail sans avoir éprouvé le moindre trouble. Deux poutres que l'on voulait employer se trouvèrent trop courtes d'environ trois pieds. Le maître charpentier, après s'être assuré du fait en les mesurant jusqu'à trois fois, en avertit les sœurs. Celles-ci, avant de se résoudre à faire l'acquisition de nouvelles pièces, voulurent se convaincre par elles-mêmes de la vérité du rapport et firent mesurer les deux poutres en leur présence une quatrième fois. Cette dernière expérience eut le même résultat que les autres. On envoya donc le maître charpentier faire l'achat de deux autres poutres vers le quai du Rhône. Or, pendant qu'il y allait, Marie-Marguerite, s'étant mise en prière, s'adressa à saint Joseph, le supplia de venir à son aide, lui promettant de faire dire deux messes en son honneur, et en donna sur-le-champ l'honoraire au Père quêteur des Carmes déchaussés, qui pour lors vint frapper à la porte du monastère. Cela fait, elle prit le maître maçon et alla avec lui mesurer les deux poutres ; elles se trouvèrent trop longues d'un pied, à la grande admiration de tout le monde qui cria au miracle. Enfin, aux yeux de Marie-Marguerite, le plus grand de tous les miracles fut que, le monastère étant resté ouvert par nécessité, tandis qu'on bâtissait, et les sœurs s'étant mêlées indifféremment avec les ouvriers, pendant toute la journée, pour les aider, la modestie et la vertu des religieuses se fût constamment fait admirer, sans fournir le moindre prétexte à la calomnie ou à la malignité ; elle attribuait ce bon résultat à des visites assidues au Saint-Sacrement, ainsi qu'aux communions plus fréquentes qu'à l'ordinaire, et dont ses filles paraissaient alors plus désireuses que jamais.

Le premier jour de l'an 1663, au sortir de l'oraison du soir, Marie-Marguerite éprouva comme une attaque d'apoplexie; elle se trouva, pendant l'espace de trente heures, dans un état de léthargie presque complète, où elle ne pouvait que prononcer le saint nom de Jésus, qu'elle répétait sans cesse. Il lui fallut, pour se rétablir, près de cinq mois, pendant lesquels, à cause de sa grande faiblesse, elle ne pouvait prier ni vocalement ni mentalement. Toutes les fois qu'elle essayait de le faire, elle se sentait retomber dans son premier état, et il fallait tout de suite chercher à lui faire diversion. Cette maladie lui parut avoir été occasionnée par une si haute élévation de son esprit vers Dieu, que les sens, ne pouvant en soutenir la véhémence, avaient fini par succomber. Quelque temps avant la dernière élection dont elle fut témoin dans sa vie, Dieu lui montra, sous la forme de trois flèches, trois afflictions particulières entre lesquelles il lui proposa de choisir. Dans sa ferveur, elle les demanda toutes les trois, et il lui fut répondu que, puisqu'elle le voulait, on la satisferait bientôt, en la rassasiant de tribulations et de croix. En effet, d'abord la calomnie chercha à noircir sa réputation. Il se répandit dans la ville le bruit qu'elle avait demandé à Rome un bref pour être supérieure à vie. Les parents des religieuses, ajoutant foi à cette imposture, firent des plaintes contre elle. Cela fut aussi dans la communauté la cause d'un trouble encore plus grand. Marie-Marguerite en fut extrêmement affligée, à cause des offenses de Dieu plus ou moins graves que ce désordre pouvait occasionner. La seconde épreuve qu'elle eut à subir, ce fut une affection pulmonaire qui, au bout de quelque temps, la réduisit à un état que les médecins regardaient comme sans remède. Cependant Dieu lui rendit la santé d'une manière inespérée. La troisième épreuve que Dieu lui envoya fut sans contredit la plus rude des trois; elle lui vint de la part de la religieuse qui lui succéda en la charge de supérieure. Aux yeux de la nouvelle mère, Marie-Marguerite ne fut plus cette première religieuse de l'ordre qui en était le soutien : ce fut une ambitieuse qui voulait se distinguer, un esprit remuant et dangereux qui troublait le monastère, une fille remplie d'amour-propre qui abondait dans son sens, une mauvaise économe qui avait prodigué le bien de la communauté selon son caprice. La mère de Villard endura avec joie ce nouveau genre de persécution; cependant, quand elle vit que les choses tournaient d'une manière préjudiciable à la communauté, elle demanda à parler aux supérieurs, et dans l'entretien qu'elle eut avec eux, elle les supplia de trouver bon qu'en leur présence et devant toutes les religieuses, elle rendît compte de son administration, depuis vingt-cinq ans, tant du spirituel que du temporel. Ainsi l'archevêque, son vicaire-général, un avocat, ami du monastère, et toutes les religieuses ensemble, après avoir entendu lire et avoir examiné les états et les rôles qu'elle leur présenta, reconnurent son exactitude dans les fonctions spirituelles et sa fidélité dans la gestion du temporel. Après que ce dernier orage fut passé, Dieu voulut aussi, pour ainsi dire, la persécuter lui-même, en permettant qu'elle tombât dans des tristesses, des inquiétudes et des troubles d'esprit au delà de tout ce qu'on pourrait imaginer. L'auteur de sa vie manuscrite dit qu'elle demeura dans ces agonies de souffrances l'espace de quelques semaines. Une nuit, entre autres, qu'elle était plus accablée que d'ordinaire, tout ce qu'elle put faire fut de dire quelquefois : « Que votre volonté soit faite, ô mon Dieu ! et non la mienne. Souffrir, mourir même, mais vous aimer ! » Quelque temps après, pendant l'oraison, elle vit un crucifix tout environné de lumière, et une voix intérieure lui dit que le temps lui ferait connaître la signification de cette vision. Une autre fois, comme elle se trouvait à la fin des *exercices spirituels,* Dieu lui fit concevoir, pendant la méditation du Paradis, une grande idée de la beauté de ce séjour de délices ; mais en même temps elle vit un crucifix sur la porte de l'éternel séjour, et on lui dit que l'on n'ouvrait cette porte qu'aux amants de la croix.

CHAPITRE XIV.

es rapports avec plusieurs de ses religieuses agonisantes
ou défuntes.

La tendresse de Marie-Marguerite pour ses filles
spirituelles et la confiance de celles-ci pour leur
bonne mère ne se firent jamais mieux remarquer
que lorsque quelqu'une d'entre elles fut appelée à
passer de ce misérable monde à une vie meilleure.
La première qui mourut sous ses yeux, fut la sœur
Anne de Saint-Paul. Cette religieuse, se voyant près
de son éternité, était tombée dans de grandes appréhensions au sujet des tourments du purgatoire. Elle
fit part de ses craintes à la mère de Villard et la
conjura de venir à son aide par ses bonnes prières.
Celle-ci s'empressa de la recommander à Notre-Seigneur pendant la communion ; le divin Maître lui
dit : « Mon Père désire cueillir des fleurs de ton
jardin pour en avoir l'odeur et pour commencer
son bouquet : c'est la première qu'il te demande ;
donne-la-lui de bonne grâce. » Cette réponse la remplit de joie et de consolation. Immédiatement après
la messe, elle alla voir la malade ; Dieu lui mit dans
la bouche les paroles les plus convenables pour la
circonstance. Elle parvint à la rassurer et même à
la rendre contente de mourir la première dans

l'ordre. D'un autre côté, la malade, s'apercevant que sa révérende mère avait l'air tout joyeux, se douta qu'il s'était passé chez elle quelque chose [d'extraordinaire et lui demanda la cause de son contentement. Mais Marie-Marguerite ne jugea pas prudent de lui rapporter les paroles que Notre-Seigneur lui avait dites : sur quoi la pieuse mourante lui répliqua : « Je vois bien, ma mère, que vous ne voulez pas m'avouer ce qui s'est passé ; mais je saurai le tout dans l'autre monde. » En effet, le jour même de son décès, elle apparut à la mère de Villard et lui dit : « Vous m'avez caché ce qui se passait dans votre âme, mais maintenant je vois tout dans Dieu. » Une autre fois, comme on sortait le Saint-Sacrement du tabernacle pour le porter en viatique à la sœur Marie-Thérèse de Servières, qui mourut bientôt après, il fut donné à Marie-Marguerite de voir Notre-Seigneur Jésus-Christ. Il était suivi d'un grand nombre d'anges et de saints et témoignait un empressement extraordinaire d'aller s'unir à cette chaste épouse. Et réellement la malade, en le recevant dans sa poitrine, se sentit remplie de tant de douceurs, que les personnes qui se trouvaient là s'en aperçurent facilement à l'altération de ses traits. Quelque temps après que la sœur de Saint-Luc eut rendu son âme à Dieu, elle se fit voir à Marie-Marguerite dans un état de souffrance et la pria de faire dire une messe en l'honneur des cinq plaies de Notre-Seigneur. Elle lui avoua que Dieu la retenait

dans le purgatoire en punition de ce qu'elle avait
négligé de faire part à ses sœurs de son habileté à
peindre. Lorsque la sœur de Beauchamp se trouvait
à l'agonie, la mère de Villard connut par révélation
que le démon la tourmentait à cause de certaines
fautes contre la vertu de pauvreté. C'est pourquoi,
comme elle savait que ces manquements ne pouvaient être que fort légers et que la malade en
était assez repentante, elle apostropha le malin esprit, en lui disant : « Malheureux, que viens-tu
faire ici ? Pourquoi oses-tu tourmenter une servante
de Dieu déjà bien accablée par le mal qu'elle en-
dure ? Elle n'a rien fait sans mes ordres et s'il y a
quelque chose à désavouer, je m'en charge et je
consens à en porter la peine. Ainsi je te commande
de laisser mourir en paix cette pauvre fille, et de te
retirer sur-le-champ. » Le démon obéit, mais ce ne
fut pas, ajoute-t-on, sans de grandes menaces de
s'en venger sur celle qui l'obligeait à fuir. Plusieurs
autres religieuses lui apparurent aussi après leur
mort, venant lui faire leurs derniers adieux et
lui faisant connaître l'état où elles se trouvaient.
La sœur Magdeleine Chrétien ayant rendu son âme
à Dieu, Marie-Marguerite, qui avait reçu son dernier soupir, pria quelque temps pour elle. Ensuite,
avant de sortir de l'infirmerie, elle prit la main de
la défunte et celle-ci ouvrit les yeux, et les referma
après avoir jeté un doux regard sur elle, comme pour
lui dire qu'elle était dans le sein de Dieu. Elle fut enfin

instruite intérieurement de la mort de la fondatrice, sans néanmoins pouvoir distinguer si elle était dans la gloire ou dans les souffrances. Elle la vit seulement prendre le livre des Constitutions et le lui remettre entre les mains, comme pour la substituer dès lors à sa place et lui confier la direction et le soin de tout l'ordre.

CHAPITRE XV.

Elle fait le voyage de Paris pour des affaires de l'ordre.

La maison que la mère fondatrice avait acquise à Paris pour y établir un monastère, venait d'être donnée à d'autres religieuses par un arrêt de l'autorité supérieure. Les sœurs du Verbe-Incarné, qui avaient été obligées d'en sortir contre toute sorte de droit et de raison, appelèrent Marie-Marguerite à leur secours, comme étant la plus ancienne religieuse et la première supérieure de l'ordre, ainsi que la plus capable de leur faire rendre justice. Elle aurait certainement voulu décliner l'honneur qu'on lui déférait, et d'un autre côté son âge avancé de soixante-huit ans lui faisait appréhender les fatigues d'un long voyage, mais sa charité pour ses sœurs et son zèle pour le bien de l'ordre la firent passer outre. Elle partit d'Avignon, le 7 avril 1671, accom-

pagnée de la sœur Magdeleine Robert et de M. Pezet, chanoine de l'église cathédrale de Cavaillon et
son ancien directeur. Après avoir rendu ses devoirs
à Mgr de Harlay, archevêque de Paris, elle alla aussi
faire une visite au supérieur d'une communauté célèbre, qui avait beaucoup agi contre l'ordre du
Verbe-Incarné, et dans l'entretien qu'elle eut avec
lui, ce religieux fut si charmé de son humilité et de
sa modestie, qu'il ne put s'empêcher d'en faire l'é-
loge à d'autres personnes. Cependant, à la suite des
courses qu'elle avait à faire du matin jusqu'au soir,
et la plupart du temps à pied, il lui vint à la jambe un
érysipèle qui la retint au lit pendant quelques semaines. Dès qu'elle fut guérie, la mère de la Croix, supérieure du couvent de Paris, tomba malade. Marie-
Marguerite voulut lui servir d'infirmière et eut la
douleur de lui fermer les yeux. Cette mort fournit à ses
sœurs une occasion de rentrer dans la maison qu'on
leur avait enlevée. Les religieuses qui leur avaient
succédé, leur permirent, sur les instances de quelques
personnes de considération, d'inhumer le corps de la
défunte dans l'intérieur du monastère. Or, une fois
rentrées, les sœurs du Verbe-Incarné, s'étant réfu-
giées dans un quartier séparé de la maison, après
l'enterrement, s'y établirent et s'annoncèrent comme
voulant à tout prix y rester. Cependant on leur in-
tima l'ordre de sortir le même jour, mais la mère de
Villard allégua des raisons si justes et si légitimes
pour leur obtenir d'y faire au moins quelque séjour,

qu'elles ne furent définitivement expulsées qu'au bout de trois à quatre mois. Ces pauvres filles espéraient sans doute qu'au premier jour la justice qu'elles attendaient leur serait rendue; mais leurs vœux ne devaient pas être satisfaits. Comme elles avaient affaire à des adversaires puissants et en crédit, il fallut céder. On admira la patience, l'humilité, la douceur et la charité de la mère de Villard; mais on ne refusa pas moins pour cela de lui accorder ce qu'elle sollicitait. Marie-Marguerite fut donc obligée de s'en retourner après quatorze mois d'efforts inutiles. Avant de partir, elle alla faire ses adieux aux personnes qui l'avaient ainsi vaincue, pour leur prouver que son cœur ne conservait à leur égard aucun mauvais sentiment. A son passage à Lyon, les religieuses du monastère de cette ville l'y retinrent pendant trois mois et voulaient à toute force la garder; mais ses filles d'Avignon firent tant d'instances auprès des supérieurs, qu'elles finirent par obtenir qu'elle leur fût rendue.

CHAPITRE XVI.

Sa dernière maladie et sa sainte mort.

Marie-Marguerite, toujours prête à obéir, s'empressa d'exécuter l'ordre qui lui fut donné de rejoindre ses sœurs d'Avignon. Son départ de Lyon dut cependant lui être fort pénible ; il lui fallait se séparer une autre fois de sa chère sœur Hélène et elle sentait bien qu'elle lui faisait un éternel adieu. Elle fut reçue avec des transports de joie et de bonheur par ses anciennes filles ; mais le plaisir de la posséder au milieu d'elles ne devait pas durer longtemps. Le moment approchait où Dieu avait résolu de récompenser les travaux et les mérites de sa fidèle servante. Deux ans après son retour à Avignon, elle commença à pressentir que sa fin arriverait bientôt, soit que le ciel le lui eût fait connaître, soit que certaines infirmités l'eussent avertie de la prochaine dissolution de son corps. Ce fut dans cette persuasion qu'elle passa une année entière à se préparer à la mort, s'exerçant avec une nouvelle ferveur à la pratique de toute sorte de vertus, et purifiant de plus en plus sa conscience de toutes les souillures de sa vie passée. Enfin, quelque temps après avoir fait à un père jésuite une confession générale dont elle retira beaucoup de consolation et une grande paix, un vendredi soir, 6 décembre 1675, elle fut atteinte de la maladie qui devait la conduire au tombeau. La fièvre qui la consumait devint si ardente que son visage paraissait tout en feu. Cependant elle ne demandait jamais à boire pour apaiser la soif qui la dévorait : elle se contentait d'accepter ce qui lui était offert. L'ardeur de l'amour divin dont son âme était tout embrasée, n'était pas moins grande que celle qui dissolvait son corps. Elle ne pensait qu'à son divin Époux, elle soupirait sans cesse vers lui, et cela avec tant d'élan et de si vifs transports, qu'on eût dit que son cœur allait éclater et se fendre d'amour. Son corps était accablé sous le poids d'une léthargie profonde et continuelle ; cependant on connaissait que son esprit avait conservé toute sa force ; on lui voyait sans cesse remuer les lèvres pour prier, quoiqu'on ne pût pas toujours distinguer les paroles qu'elle proférait. Elle témoignait quelquefois la grande joie qu'elle avait d'aller bientôt s'unir à son Bien-Aimé. D'autres fois elle se reconnaissait indigne de paraître devant Dieu sans avoir expié ses fautes, et dans cette pensée elle pria une sœur de lui donner la discipline, afin d'ajouter quelques souffrances volontaires à celles que son mal lui causait, mais cette religieuse s'enfuit de peur d'être obligée de la satisfaire. Elle reçut les sacrements avec une grande piété, après avoir demandé humblement pardon à toute la communauté des manquements où elle croyait être tombée et qu'elle exagéra beaucoup. A leur tour, les religieuses, se jetant à genoux devant son lit de mort, lui demandèrent avec instance sa bénédiction. Son humilité se refusait à leur accorder cette grâce ; mais elles l'en prièrent tellement que, craignant de les trop contrister, elle se rendit à leurs désirs. Elle le fit avec tant de bonté et leur dit des choses si belles, surtout

au sujet de la ferveur spirituelle dont elle leur fit
comprendre l'importance dans la vie religieuse,
qu'elles fondaient toutes en larmes. Enfin, le hui-
tième jour de sa maladie, elle tomba dans une agonie douce et tranquille, et dans la matinée du samedi, 14 décembre, entre minuit et une heure, elle
s'endormit du sommeil de paix en présence du confesseur de la maison et des religieuses, qui toutes avaient
voulu veiller cette nuit. Il est à remarquer que Dieu
l'appela à lui la veille de l'anniversaire du jour où
elle avait, trente-six ans auparavant, jeté les fondements de l'ordre du Verbe-Incarné. Son saint corps
n'exhala aucune mauvaise odeur et demeura aussi
flexible que s'il eût été vivant. On s'aperçut alors
avec étonnement et avec joie du saint nom de Jésus
qu'elle avait gravé sur sa poitrine. Toutes les religieuses voulurent le voir et le couvrirent de leurs
baisers. Ensuite, après avoir reproduit ce même
nom sur des linges, on les appliqua sur les vénéra-
bles cicatrices de la défunte, et plus tard ces précieuses reliques opérèrent plusieurs effets miraculeux.

Marie-Marguerite était fort bien faite et d'une
taille avantageuse. Elle était d'un tempérament de
feu, mais elle en modérait les saillies par la violence
qu'elle se faisait continuellement. Elle avait une démarche grande et majestueuse, qui imprimait d'a-
bord une crainte mêlée de respect. Cependant elle
était d'une conversation gaie et si agréable que plus
on lui parlait, plus on trouvait de plaisir à s'entre-

tenir avec elle. Ses rapports extérieurs avaient même cela de particulier qu'au lieu de produire dans les autres des pensées de familiarité et de mépris, ils ne servaient au contraire qu'à augmenter l'estime que l'on avait de sa vertu. Enfin, Dieu avait doué son esprit d'une grande intelligence, et d'un jugement bien au-dessus de la portée de son sexe.

QUATRIÈME PARTIE.

CHAPITRE I.

Estime de plusieurs personnages de distinction pour la vertu
de Marie-Marguerite.

Dieu, qui est le souverain scrutateur des cœurs,
peut seul en découvrir entièrement le fond et en estimer les actes selon leur prix et valeur. Cependant,
pour le bien des âmes, il a donné à son Église les
lumières nécessaires pour discerner la vertu du vice,
et porter un jugement solide sur le vrai mérite.
Nous pouvons donc croire à la vertu d'une personne,
lorsqu'elle se trouve unanimement reconnue par
les supérieurs ecclésiastiques et autres personnages
instruits, sages et versés dans la spiritualité. Or, en
partant de ce principe, il sera facile de faire ressortir la sainteté de Marie-Marguerite. Tous les prélats qui l'ont connue ont eu pour elle une estime
et une considération singulière. Mgr de Marcillac,
évêque de Mende, qui l'inquiéta et la mortifia beau-

coup, lorsqu'elle était encore au Malzieu, fit voir par
là même la haute idée qu'il avait de son mérite.
En la traitant de la sorte, il se proposait surtout de
l'empêcher de quitter le diocèse, la regardant comme
un sujet infiniment précieux pour la Congrégation
des filles de Sainte-Ursule. Mgr Cohon, évêque de
Nîmes, qui, au défaut de l'archevêque d'Avignon,
présida à la cérémonie de l'établissement de l'ordre,
témoigna une si grande estime pour la mère de Villard, que ce fut un sujet de jalousie pour certaines
personnes qui auraient dû au contraire s'en réjouir.
Mgr Dominique Marini, l'un des plus savants et des
plus dignes prélats qui aient gouverné l'Église d'A-
vignon, disait : « C'est une personne qui n'a rien de
commun ; tout est éminent dans l'assemblage de ses
qualités. » Aussi, par suite de l'estime qu'il en avait
conçue, il lui portait un vif intérêt et une tendre
affection, et ses sentiments à son égard allaient
presque jusqu'au respect et à la vénération. Il lui
communiquait ses pensées, ses affaires et même ses
difficultés, la priant de lui dire son avis et de lui
faire part de ses conseils et de ses consolations. Le
P. Camin, supérieur des Pères de la Doctrine-Chré-
tienne, et le P. Yvan, fondateur de l'ordre des religieuses de la Miséricorde, qui ont été tous les deux
en réputation de haute vertu et de grand mérite,
s'étaient liés avec elle d'une étroite et sainte amitié,
parce qu'ils faisaient le plus grand cas de sa vertu
et de l'esprit qui la dirigeait dans toute sa conduite.

Le P. Yvan surtout ne pouvait se lasser d'admirer
la sagesse qu'elle montrait dans le gouvernement de
son monastère ; il était ravi de voir que Dieu y était
si bien servi et ne cessait de féliciter les religieuses
qui l'habitaient du bonheur qu'elles avaient de vivre
dans une maison où tout ne respirait que la piété
et la vertu. Aussi il portait le plus affectueux intérêt
aux filles du Verbe-Incarné, et avait coutume de
dire que, dans le cas d'une égale nécessité, il leur
tendrait la main aussi bien qu'aux filles de la Miséricorde, dont il était le fondateur et le père. Le
P. Galien, jésuite et recteur du collége d'Avignon,
lequel avait eu pendant quelques années la direction
de la conscience de la Mère de Villard, certifia qu'il
avait toujours observé en elle une grande égalité
d'âme et une innocence angélique, et qu'étant entré
dans le monastère pour entendre sa confession durant sa dernière maladie, il avait été surpris de sa
haute sainteté et de la joie extraordinaire qu'elle
avait d'être à la veille d'aller voir son divin Époux
dans le palais de sa gloire. Enfin, toutes les religieuses qui avaient vécu avec elle et sous sa direction, n'en parlaient jamais qu'avec admiration.

CHAPITRE II.

TÉMOIGNAGES ÉCRITS.

I. Lettre de M. Pezet, chanoine de Cavaillon, aux religieuses du Verbe-Incarné, au sujet de la sainte vie de Marie-Marguerite.

Mes révérendes et très-chères Mères,

Qu'avez-vous dû penser de moi, en voyant mon retard à répondre à la très-obligeante lettre que vous m'avez fait l'honneur de m'écrire pour me demander mon sentiment sur les vertus de la feue mère Marie-Marguerite de Jésus? J'avais beaucoup de belles choses à vous dire sur ce chapitre; mais je doutais qu'un témoignage d'aussi peu de poids que le mien pût jamais vous être utile. Cependant, après avoir réfléchi, j'ai cru, malgré le peu de valeur de mes paroles, ne pas devoir vous refuser ce que vous me demandez. Voici donc ce que je puis vous dire en toute assurance : après avoir lu attentivement la relation que vous avez faite de la vie de la Mère Marie-Marguerite, je déclare qu'elle ne contient que la pure vérité, et je suis prêt à l'attester de la manière que vous le jugerez à propos. J'ai été son confesseur, et celui de la communauté pendant neuf à dix ans, et j'ai conservé encore de fréquentes rela-

tions avec elle pendant autres quatorze années. D'un
autre côté, elle n'a cessé d'avoir une entière confiance
en moi et m'a toujours ouvert son cœur; je puis
donc parler avec connaissance de cause. Ainsi je
suis heureux de vous avouer que c'était une âme
d'une haute perfection, une âme en qui se trouvaient
toutes les plus belles vertus à un degré éminent. Je
ne pouvais m'empêcher de l'admirer, en même temps
que je me sentais tout confus de lui ressembler si
peu. Son amour pour Dieu était si grand, que souvent son visage parut comme embrasé d'un feu tout
divin quand elle parlait de Dieu et de Jésus-Christ,
son époux, ce qu'elle ne manquait pas de faire dans
ses conversations; on la voyait alors toute transportée et hors d'elle-même. L'humilité était sa vertu
favorite, et les mortifications, son plus doux plaisir.
Il me fallait sans cesse user de mon autorité pour la
modérer dans ses pénitences. Elle avait une tendre
dévotion envers Notre-Seigneur Jésus-Christ dans
le sacrement de l'Eucharistie; elle ne priait guère
au pied des autels qu'on ne la vît baignée de larmes.
Elle brûlait aussi d'un grand amour pour le prochain; et son ardente charité pour ses semblables
se révélait sans cesse dans ses prières et dans ses
discours, ainsi que dans toutes les occasions qu'elle
pouvait avoir de faire du bien aux autres. Enfin je
crois devoir ajouter, ce que j'ai toujours cru être
une marque de bon esprit, qu'elle avait une grande
estime pour la Compagnie de Jésus, ne voulant ja-

mais rien faire de considérable sans avoir pris l'avis
de quelques religieux de cette société, ni se conduire
dans les choses importantes que d'après leur direction. Je voudrais être à même de pouvoir mieux exprimer la haute idée que j'ai de sa vertu ; mais je ne
le sais pas mieux faire. Ma consolation est que le
peu que j'ai dit en fera conjecturer davantage. Je me
recommande à vos saintes prières et à celles de toute
la communauté.

> Je suis et serai, toute ma vie, dans la paix de
> Notre-Seigneur, mes révérendes et très-chères
> mères, votre très-humble et très-obéissant
> serviteur.

PEZET, chanoine.

A Cavaillon, ce 1er octobre 1677.

II. Lettres diverses du R. P. Julien, cordelier.

Le R. P. Julien était resté plusieurs années à Avignon. Il passait parmi les siens, ainsi qu'au dehors
de la communauté et dans tout le Comtat, pour un
religieux d'une vertu consommée, d'un sublime don
d'oraison et à communications intimes avec Dieu. Il
s'était établi une étroite liaison entre lui et Marie-
Marguerite, qui ne lui cachait rien de ce qui se passait dans son intérieur. C'est pourquoi, après la
mort de leur mère bien-aimée, les filles du Verbe-
Incarné lui écrivirent pour le prier de leur donner
sur sa vie tous les détails possibles ; il leur envoya

quelques notes [1] sur ses bons sentiments, les faisant
suivre de la lettre ci-après :

Ma chère sœur,

Je vous demande pardon si j'ai tant tardé à vous
envoyer les notes que j'avais sur la vie de feue votre
révérende mère. La goutte m'ayant estropié, je ne
pouvais me servir de mes mains pour chercher ce
que je pouvais avoir d'elle dans mes écrits. S'il me
tombe sous la main quelque autre chose, je vous
l'enverrai. Ne pouvant écrire moi-même, j'ai em-
prunté pour cela la main d'un de mes fils spirituels.
Je salue la révérende mère et toutes ses dévotes religieuses ; et après m'être recommandé à vos saintes
prières, je me dis de grand cœur, ma chère sœur,
votre très-humble et très-obéissant serviteur.

Frère JULIEN.

Valréas, ce 28 août 1676.

L'année suivante, le R. P. Julien, ayant reçu une
grande grâce, par l'intercession de Marie-Marguerite,
en donna connaissance, ainsi qu'il suit, à une religieuse du Verbe-Incarné :

LOUÉ SOIT LE VERBE INCARNÉ !

Ma très-chère sœur,

Votre lettre, quoique d'une date assez ancienne,

---

[1] On verra ces notes ci-après au chapitre III.

ne m'est arrivée que depuis peu ; ceux de nos pères qui me l'ont apportée, ayant séjourné longtemps à Avignon pour affaires, après qu'elle leur a été remise. Pour réponse, je vous dirai que, m'adressant à Dieu pour savoir ce qui serait de son bon plaisir, il m'a donné à comprendre qu'on avait assez de preuves de la vertu de feue notre bonne et dévote mère, et que même nous devions la prier de nous accorder son intercession auprès de Dieu, pour nous délivrer de nos infirmités, soit corporelles, soit spirituelles. Je crois que c'est par moi qu'elle a commencé à faire voir le crédit qu'elle a dans le ciel. Depuis sa mort, je me trouve comme quand je suis sorti du sein de ma mère, c'est-à-dire sans maladie ni douleur. J'éprouve bien de temps en temps quelque retour, mais cela passe vite.

D'un autre côté, tous les jours, je suis la communauté de point en point, si bien que les pères de la maison et les gens du dehors en sont tout émerveillés, comme moi ; et, dans un moment où je me demandais d'où ce changement pouvait venir, il m'a été dit : « La mère Marguerite de Jésus vous a obtenu cela. » Je vous écris cette lettre de ma propre main, pour vous faire croire ce que je viens de vous dire. Faites donc que vos pieuses sœurs et autres personnes qui seront en nécessité recourent avec confiance à la mère de Villard. Je salue votre révérende mère et toute votre famille bénie ; et, après vous avoir saluées toutes en Jésus-Christ, je vous suis sans fin très-humble et très-obéissant serviteur.

Frère JACQUES JULIEN.

Valréas, ce 28 août 1677.

Nous croyons devoir donner ici deux autres réponses du même religieux. La première était adressée à la mère Hélène de Villard, supérieure du monastère de Lyon.

Ma très-révérende mère,

Vous n'aviez pas besoin de m'écrire une lettre si engageante; je me trouvais déjà bien obligé de faire connaître les mérites et les vertus de feue votre très-chère et parfaite sœur. Quant à vous, il vous faut tâcher de la bien imiter en sa façon de vivre, afin d'avoir un jour part à sa gloire. Que nous sommes heureux d'avoir une si bonne avocate auprès de Dieu! elle nous obtiendra tout ce que nous lui demanderons de juste et de raisonnable. J'ai déjà reçu moi-même de très-bons effets de son intercession. J'étais privé de l'usage des mains et des pieds, à cause de la violence de la goutte, et depuis votre fête du Saint-Sacrement, je n'ai rien éprouvé; mes membres s'acquittent comme auparavant de toutes leurs fonctions. Recourez donc à elle dans vos besoins et soyez assurée qu'elle vous aidera. Je salue toute votre sainte communauté, mais surtout les religieuses dont vous me parlez dans votre lettre, et vous suis bien humblement, ma révérende mère, votre très-humble et obéissant serviteur.

Frère J. Julien.

Valréas, ce 28 octobre 1677.

Ma très-chère sœur,

Vous avez toujours le même zèle, touchant feue votre bien-aimée mère, qui pourtant voudrait être ensevelie dans l'oubli des créatures, comme elle est ensevelie dans la terre. J'ai détruit tout ce que j'avais d'elle, et même ce que je vous ai déjà écrit. Étant dans l'attente d'une mort prochaine, je n'ai pas voulu qu'on le trouvât parmi mes papiers, de peur qu'on ne m'attribuât à moi-même ce qui ne venait pas de moi. Je ne puis donc composer, selon vos désirs, la vie que vous me demandez ; il vous faudra chercher quelqu'un qui soit un peu habile et lui donner vos mémoires pour les mettre au net. Après cela, vous les enverrez à Lyon à la mère Hélène, pour qu'elle les fasse imprimer. Enfin, puisque vous voulez le savoir, la voix qui m'a parlé, au sujet des bienfaits que j'ai reçus de la part de la défunte, était une voix intérieure. Je vous avouerai aussi que je ne vous ai pas tout écrit, dans la crainte qu'elle ne se fâchât contre moi, de l'autre monde, de ce que je publiais après sa mort ce qu'elle m'avait confié sous le secret pendant sa vie; elle voudrait être anéantie corps et âme avec toutes les créatures, afin que Dieu fût tout seul; elle m'a même fait des reproches pour ce que je me suis hasardé à publier pour l'édification des âmes. Contentez-vous donc de ce que je vous ai donné et ne me demandez plus rien autre chose que des prières, car je ne puis plus rien vous envoyer; je suis obligé à la révérende mère de Villard [1], votre supérieure, et à toute sa religieuse communauté, que je recommande au bon Dieu, le priant qu'il vous fasse toutes de grandes saintes. Après quoi je vous suis de cœur, etc.

Valréas, ce 28 octobre 1677.

III. Lettre du R. P. Joseph Gibalin de Villard, jésuite et oncle de Marie-Marguerite. — A la Révérende Mère Marie-Hélène de Jésus Gibalin de Villard, supérieure des religieuses du Verbe-Incarné à Lyon, et à ma très-chère et très-religieuse sœur la mère Louise de la Résurrection, assistante au même monastère.

Mes très-chères filles en Notre-Seigneur,

Je vous confie un précieux dépôt et un grand trésor de votre ordre; c'est l'original d'une partie de la vie de la révérende mère Marie - Marguerite de Jésus, première religieuse et première supérieure

____
[1] La sœur Hélène Gibalin de Villard.

de l'ordre, pendant vingt-cinq ans. Cette chère mère avait reçu de divers excellents pères spirituels, savants et fort éclairés en la vie de l'esprit et de certains de ses confesseurs, plusieurs commandements d'écrire les grâces et les bénédictions dont Dieu l'avait favorisée en considération de son ordre; mais elle ne pouvait se résoudre à le faire, le différant toujours sous divers prétextes; et parfois ayant commencé, elle a tout quitté, brûlé et déchiré. Mais enfin, ne pouvant plus résister au sentiment de ces pères ni aux inspirations de Dieu, ayant par la divine Providence rencontré une sœur très-vertueuse, prudente et fidèle, elle s'est ouverte à elle et lui a fait confidence de ses secrets, se faisant grande violence, et avec tant de confusion et d'humilité, que souvent elle faisait compassion à la secrétaire. Avant que de s'ouvrir, elle tira d'elle un serment, en présence du Saint-Sacrement, d'un secret et fidélité inviolables ; et un jour, s'étant persuadée qu'elle avait témoigné quelque chose, elle interrompit cette communication pour longtemps; mais enfin étant désabusée et pressée par des personnes spirituelles, qui l'avaient dirigée, elle reprit sa confiance avec un nouveau serment qu'elle voulut qu'elle lui fît et à moi aussi, de secret de fidélité. Ledit écrit étant achevé le plus brièvement qu'elle a pu, elle ne l'a plus voulu laisser entre ses mains ni dans son monastère, de crainte que quelque chose ne se sût, mais m'a envoyé l'original et la copie que la fidèle secré-

taire avait commencé, sans être même achevé, afin
que j'examinasse et condamnasse ce que j'improu-
verais, et que je le déchirasse et brûlasse si je voulais, et toujours sous une promesse d'un secret
inviolable. Les lettres qu'elle m'a écrites sur ce sujet
sont si pleines d'humilité et de confusion, qu'on ne
les peut lire sans larmes. J'ai donc lu le tout et examiné avec toute la rigueur de l'école, et ai jugé et
juge encore qu'il n'y a rien dans ces écrits et cahiers
qui doive craindre la censure des plus sévères théologiens. Il n'y a rien qui ressente les faiblesses des
filles et qui n'aboutisse à l'amour de Dieu, aux cru-
cifiements, aux souffrances, pénitences, mortifications et humiliations, et que la vie de cette chère
mère ne justifie tous les jours et dont nous n'ayons
des exemples dans les vies des saints. En me voyant
ce trésor entre les mains, et déjà dans un âge auquel la
mort me menace de ne pas tarder longtemps, craignant que ces écrits, se trouvant parmi les miens,
ne s'égarent facilement, j'ai jugé que je commettrais
une injustice si j'en privais votre ordre pour toujours, et que Dieu veut que les grâces et les bénédictions qu'il fait aux âmes, surtout quand il les
choisit pour l'établissement des ordres, soient con-
nues, afin de servir aux autres de l'ordre, de motif
à l'amour de l'ordre et à la religiosité, j'ai cru que,
sans violer le secret que je lui ai promis, je pouvais
vous les confier avec un secret, pendant sa vie, de
n'en point parler, et promesse qu'après sa mort,

vous les communiquerez. Je vous les remets donc à toutes deux par indivis, comme aux deux personnes auxquelles j'ai une pleine et entière confiance et que je sais être très-affectionnées à cette bonne mère, et zélées au bien de votre ordre. Or, mes chères filles, tout ce que je vous écris est mon sentiment de ces papiers et de ce qui y est contenu; je l'atteste devant Dieu que ce n'est ni par flatterie ni par affection particulière, mais selon la vérité de laquelle je rendrai témoignage partout où il faudra. Concluons, mes filles, que vous avez une très-grande mère, bien chérie de Dieu, dont vous le devez remercier et vous réjouir en lui de tant de bénédictions qu'il a données à cette pieuse servante. Priez pour moi, et me croyez, mes très-chères filles,

Votre très-humble et très-obéissant serviteur en Notre-Seigneur.

JOSEPH GIBALIN, de la Compagnie de Jésus.

CHAPITRE III.

PENSÉES DE MARIE-MARGUERITE.

I. Amour de Dieu. Dévotion.

Dans un entretien familier avec le R. P. Julien, dont nous avons déjà parlé, Marie-Marguerite se plaignait à lui de ce que l'amour que les hommes ont pour Dieu en cette vie, est si mercenaire et si impur. Toutes nos dévotions, disait-elle, sont intéressées, nous ne prions que pour notre compte, nous ne travaillons que pour nous, nous ne cherchons que notre félicité, quelquefois même la félicité temporelle de cette vie. Dans le ciel, les saints qui voient Dieu à découvert, tel qu'il est dans lui-même, le trouvent si beau et si aimable, que, s'attachant uniquement à lui, ils s'oublient eux-mêmes aussi bien que tout le reste, pour n'aimer que lui ; ils s'estimeraient encore très-heureux, quand, pour lui plaire, il faudrait sacrifier toute leur gloire, toute leur félicité et tout leur être. Dans ce monde, il en est de même en quelque façon dans une personne qui aime bien Dieu ; elle souhaite mille fois plus de mourir qu'elle ne désire de vivre, parce qu'elle sait que sur la terre on n'aime jamais aussi bien qu'on le fait dans le ciel. — La dévotion, disait-elle encore, ou bien ce que l'on appelle communément *vertu*, ne consiste pas à faire plusieurs prières vocales ou mentales, à verser des larmes en priant, à se confesser, à communier, à jeûner, à maltraiter son corps et en d'autres choses semblables. Elle se trouve plutôt dans une certaine stabilité de cœur ou affermissement de la volonté à servir Dieu, à obéir à ses ordres, à exécuter toutes ses volontés. Le reste n'est pas si universellement et si infailliblement bon, surnaturel et saint, qu'il ne puisse être équivoque. Le naturel peut y contribuer, le tempérament peut y

avoir part, et quelquefois l'état et les emplois où
l'on se trouve; il peut souvent procéder d'un motif indifférent, quelquefois même d'un motif impur et mauvais, comme du respect humain, d'un
sentiment de vanité ou d'intérêt. Comme nous
voyons mieux l'écorce que la moelle et la substance,
l'extérieur et l'apparence que le fond, le réel et
le solide, c'est-à-dire comme nous voyons mieux
les larmes, les macérations, l'assiduité à la prière,
que cette fermeté constante de cœur, cet attachement parfait et indissoluble de la volonté, il en
résulte qu'en cette vie nous nous trompons très-souvent dans le jugement que nous portons sur certaines personnes, regardant comme saint celui qui
n'a que les apparences de la sainteté ou qui n'en a
du moins que des marques très-équivoques, et faisant peu d'état de celui qui, sans s'être guère fait
remarquer, se trouvera quelquefois parvenu à un
très-haut degré de vertu. Les Juifs, ajoutait-elle,
qui ne jugeaient que par les apparences, faisaient
sans comparaison bien plus de cas de saint Jean-
Baptiste que du Sauveur; parce que le précurseur
avait plus de dehors que son divin Maître, qui n'en
voulait point faire paraître.

11. Abnégation chrétienne.

Dans une autre conférence avec le P. Julien, Marie-
Marguerite lui dit que, pour vivre et agir chrétien-

nement, il faut se servir de deux abnégations ou exinanitions, et leur substituer Jésus-Christ à toutes les deux. La première abnégation, disait-elle, est celle que nous devons faire de nous-mêmes. Nous devons la faire, pour suivre le conseil de l'Apôtre, puisque nous ne sommes plus à nous, mais à Celui qui nous a rachetés à un prix infini. *Jésus-Christ,* dit saint Paul, *est mort pour tous, afin que ceux qui restent en vie par le bienfait de sa mort, ne vivent pas pour eux, mais pour lui.* Nous devons être morts à nous-mêmes par la grâce et par la vertu de sa mort, et il doit vivre en nous au lieu de nous; ou bien nous devons vivre pour lui, tenir son lieu et suppléer à sa vie par la nôtre, n'y faisant que ses œuvres et ce qu'il y ferait s'il y était; et lui, vivant dans nous, doit agir dans nous au lieu de nous, produire et animer toutes nos actions, faire et opérer tout ce que nous avons à faire et à opérer. La seconde abnégation est celle de toute autre fin que Dieu, parce que celui qui vit dans nous, qui est Jésus-Christ, ne peut avoir d'autre fin. Cela n'empêche pas que nous ne devions donner quelques règles à nos actions; mais il y a bien de la différence entre la règle et la fin. L'obéissance, par exemple, doit être réglée par la volonté de celui qui commande; mais Dieu est la fin de mon obéissance. La réfection corporelle doit être réglée par la nécessité; mais Dieu en doit être la fin. De sorte qu'on ne doit pas prendre cette réfection pour soi, mais afin d'acquérir des forces pour servir Dieu, qui doit être notre réfection et notre satiété éternelle. On ne doit pas prendre non plus le plaisir du sommeil et du lit pour soi et pour son propre plaisir, mais uniquement pour celui qui doit être notre repos éternel.

III. Sainte Eucharistie.

1° Le très-saint Sacrement de l'autel nous rend présente la majesté d'un Dieu sous les espèces du pain et du vin, d'une manière particulière. En sorte que, quand Dieu, par impossible, ne nous serait pas présent en tout lieu par son essence, son immensité et sa puissance, il le serait néanmoins dans l'Eucharistie ; et comme il y est d'une manière plus sensible et plus accommodée par conséquent à notre portée et à notre intelligence, il s'ensuit qu'il n'attire jamais si doucement, si naturellement et si fortement notre adoration et notre amour que dans cet admirable sacrement.

2° L'Eucharistie nous rend encore présente sur nos autels l'humanité de Notre-Seigneur Jésus-Christ, et comme cette humanité possède toutes les plus grandes et les plus aimables qualités du naturel, de la beauté, de la générosité et de l'amitié, enfin, comme elle en possède plus que tous les hommes les plus aimables, par conséquent il n'y a rien sur la terre qui mérite mieux notre amour et nos tendresses les plus grandes que le sainte Eucharistie.

3° Jésus-Christ, étant d'un mérite infini et s'immolant sur nos autels à Dieu son père, lui rend par là même dans le saint sacrifice de la messe autant de gloire que son Père en mérite et qu'il est capable d'en recevoir ; et d'un autre côté, comme Jésus-Christ s'offre pour nous à son Père et que nous l'offrons avec le prêtre, nous aussi nous rendons à Dieu par ce sacrifice autant de gloire que nous sommes capables de lui en rendre ; et si nous le faisions excellemment, nous lui rendrions encore autant de gloire qu'il est capable d'en recevoir de nous, puisqu'il ne peut souhaiter de nous une offrande qui soit plus précieuse qu'une offrande infinie.

4° Nous retirons de la sainte Eucharistie en tant que sacrement le plus grand avantage que nous puissions souhaiter ; puisque, ne pouvant rien désirer de plus grand que de vivre d'une vie divine, elle nous fait vivre de cette vie, nous rendant participants de Jésus-Christ par la communion, changeant pour ainsi dire sa substance en la nôtre, et sa vie sainte et impeccable en notre misérable vie ; quelque aveugles que nous soyons de nous-mêmes, nous devenons éclairés de ses lumières ; quelque pécheurs que nous soyons, nous nous revêtons de sa sainteté ; quelque tièdes et languissants que nous soyons, nous nous animons par son zèle et nous nous échauffons par son amour.

IV. Moyens pour profiter des avantages que nous offre
la sainte Eucharistie.

1° A considérer la sainte Eucharistie comme un sacrifice, nous ne devons jamais, à la messe, manquer d'offrir le sacrifice avec le prêtre, puisque c'est l'acte le plus auguste de religion que nous puissions pratiquer, et que c'est le culte le plus respectueux que nous puissions rendre à l'excellence et à la souveraineté de Dieu. 2° Comme les intérêts de Dieu doivent être aussi les nôtres, nous devons, si nous le pouvons, nous réjouir infiniment de ce que Dieu est honoré par ce sacrifice infiniment et autant qu'il peut l'être, et aussi de ce que Dieu trouve dans un fils si aimable toutes les complaisances les plus douces qu'un père le plus tendre et le plus affectueux puisse désirer. 3° Pour contribuer de notre côté à faire éprouver à notre Dieu ces tendresses et ces complaisances, nous tâcherons de nous unir, autant que nous le pourrons, à Jésus-Christ, afin que, l'offrant avec le prêtre, nous portions et cette gloire et cette complaisance du Père au plus haut point que nous pourrons, suivant les bornes de nos petites forces et l'étendue de nos misères ; nous entrerons le plus que nous pourrons dans ses humiliations et ses anéantissements, dans sa religion, dans son obéissance, dans sa charité, dans toutes ses excellentes vertus, pour soutenir nos faiblesses par son appui, pour relever nos bassesses par son mérite, enfin pour lui faire suppléer tout ce que nous savons manquer dans nous.

Quant à la sainte communion, nous devons nous en approcher : 1° afin que Jésus-Christ soit tout dans nous, et que, cessant nous-mêmes en quelque sorte d'être et d'exister en nous, nous nous perdions heureusement en lui. 2° Afin qu'il vienne y détruire tout ce qui est contraire à Dieu, comme l'empire du vieil Adam, le règne du péché, la souveraineté de l'amour-propre, en y établissant l'empire de Dieu même. Ainsi nos propres imperfections nous doivent faire désirer la communion, pour parvenir par ce moyen à en être délivrés. 3° Pour satisfaire au désir que Jésus-Christ a de vivre en nous et de glorifier son Père par nous en concourant à toutes nos actions surnaturelles', comme il le glorifiait lui-même, tandis qu'il était en cette vie mortelle. Ainsi ceux qui manquent à communier, refusent d'abord au Père la plus grande gloire qu'ils puissent lui procurer et ensuite au Fils une vie mystique qu'il souhaite avec passion et qu'il trouve sur tous les autels où il repose et dans tous les cœurs qui le reçoivent dignement, mais qu'il perd autant de fois que de communions on laisse à faire. Ceux donc qui négligent de communier ne donnent pas véritablement la mort à Notre-Seigneur Jésus-Christ, mais on peut dire au moins qu'ils lui refusent la vie ; ils ne commettent pas un déicide, mais s'il n'était pas glorieux au ciel, ou s'il n'était pas produit sur nos autels, ou reçu dans le cœur de tant d'autres fidèles où il vit de sa vie toute divine, il serait vrai de dire de ceux qui s'éloignent de lui qu'il ne tiendrait pas à eux qu'il n'eût ni l'être, ni la vie. 4° Et comme les exemples sont très-puissants sur les esprits, une des plus salutaires pensées et un des meilleurs moyens pour s'exciter puissamment à une si grande action, c'est de se rappeler avec quelle ardeur les saints s'y sont disposés, et surtout l'auguste Marie ; avec quels transports elle allait à cette sainte Table, avec quelles extases elle recevait son cher Fils, avec quelle humilité elle portait dans son cœur cet adorable Enfant qu'elle avait renfermé autrefois dans son sein, comme elle renouvelait les caresses qu'elle lui avait faites pendant sa vie, comme elle aurait sans doute voulu le conserver sans cesse au dedans d'elle-même, le posséder toujours, l'avoir toujours dans son cœur et combien elle était fâchée qu'il lui échappât par la corruption des espèces.

V. Humble prière de Marie-Marguerite.

Mon Sauveur, mon bien, mon amour et ma vie, je vous supplie très-humblement et avec toute l'instance possible de m'accorder un regard favorable de votre miséricorde dans cette dernière partie de ma vie en laquelle je vais entrer. Je vous conjure par vos mérites et votre précieux sang de me pardonner mes crimes énormes, tant de péchés, tant d'infidélités à vos grâces et tant de préjudices que ma vie immortifiée et sensuelle a portés à votre maison et à tout votre saint ordre. Comme votre gloire m'est plus chère que mon propre bien, je ne sais si, au lieu de vous remercier de vos bienfaits, je n'ai pas plus de sujet de me plaindre à vous de vous-même. Fallait-il donc choisir la plus chétive des créatures et la plus criminelle qui fût jamais pour commencer un ordre si grand et qui vous était si cher ? Ne deviez-vous pas avoir plus d'égard au salut de tant de filles qui voulaient vous y servir ? Ne deviez-vous pas même avoir plus d'égard à votre gloire ? Ne pouviez-vous pas vous servir d'un instrument moins inepte, si ce n'est peut-être que ma bassesse et mon indignité dussent servir à relever d'autant plus votre gloire et à faire paraître la puissance de votre protection ? Mais comment encore avez-vous pu me destiner à de si grands emplois et souffrir dans moi tant d'imperfections, de désordre, d'amour-propre, d'impatience, d'orgueil, d'immortifications de corps et d'esprit ? Que deviendrai-je, ô mon grand Maître ! si votre miséricorde n'étend sa main secourable sur moi ? Que ferai-je ? où trouverai-je de l'appui ? Oui, mon Sauveur, c'est la vieille pécheresse que vous connaissez depuis tant d'années, qui se présente à vous ; divin amour, c'est votre pauvre perdue. Je suis dans l'abîme de la misère ; mais pourtant il me reste une forte espérance en vous ; je connais votre bonté aussi bien que mon malheur ; je me plonge dans votre sang divin et d'un prix infini, aussi bien que je m'abîme dans la profondeur de mon iniquité. Oui, je le veux avec votre grâce, je le veux enfin, je veux vous imiter, je veux suivre vos saints vestiges, votre obéissance sera le modèle de la mienne ; je veux retracer en moi le mieux que je pourrai votre anéantissement, vos souffrances, votre pauvreté ; je veux les reproduire en moi en l'honneur et en vue de votre adorable Incarnation, de votre sainte Nativité, de votre douloureuse Passion. Je ne veux me proposer absolument d'autre objet que vous pendant ma vie, et je ne désire rien, si ce n'est, que votre exemple de votre côté et mon imitation du mien fassent dorénavant toute ma préparation à une bonne et sainte mort.

<hr>

CHAPITRE IV.

VERTUS DE MARIE-MARGUERITE.

1. Son amour pour Dieu.

On ne saurait concevoir et il est impossible de faire comprendre quelle était l'ardeur des divines flammes qui la consumaient. Elle ne pensait qu'à

Dieu et ne parlait que de lui. Son corps était sur la terre, mais son esprit et *sa conversation*, comme dit l'Apôtre, *n'était que dans les cieux.*

Elle ne perdait jamais Dieu de vue, quelles que fussent ses occupations. Tous les objets qui passaient sous ses yeux, lui rappelaient son souvenir, ne fût-ce qu'une simple fleur, un moucheron, un petit ver de terre. Elle le voyait en tout et le trouvait partout, elle lui parlait toujours; ce dont elle avait tellement contracté l'habitude que, même pendant son sommeil, il lui arrivait de s'entretenir avec lui, de pousser de grands soupirs et d'articuler des prières vocales. Exacte à élever son cœur vers Dieu au commencement de tout ce qu'elle entreprenait, elle renouvelait à tout moment ses bonnes intentions durant le cours de ses actes. Aussi, quelque affaire qu'elle eût eue ou dans la maison, ou au parloir avec les séculiers, son esprit était aussi disposé à faire oraison ou à réciter l'office, que si elle fût sortie de l'église ou d'une profonde solitude. En un mot, elle était dans un continuel recueillement, toujours occupée de l'unique objet de son amour, toujours avide de lui parler et toujours disposée à l'entendre.

Cependant, au moment de l'oraison, son amour pour Dieu semblait acquérir une ardeur toute nouvelle; alors son visage s'enflammait et ses yeux brillaient d'un éclat de feu. Il suffisait de la voir en cet état pour se sentir soi-même porté à la dévotion. La religieuse à qui elle fut obligée par obéissance de révéler les pieux secrets de sa vie, ayant été quelquefois témoin de ses transports, s'était permis de lui conseiller de se modérer ; car elle craignait que la violence de ces saints mouvements ne portât préjudice à sa santé. Marie-Marguerite lui répondait : « Je voudrais me retenir, mais cela m'est impossible ; l'amour que je sens est trop fort, il m'entraîne en quelque sorte, et puis je ne sais même pas bien ce que je fais. » Cette sœur a déclaré aussi avoir remarqué que la fièvre dont cette révérende mère éprouvait de temps en temps les assauts, ne lui venait que d'un excès d'amour, et que, lorsque elle avait reçu quelque faveur spéciale de son divin Époux, elle ne manquait jamais de tomber malade immédiatement après. Son amour pour Dieu l'avait tellement détachée de ce monde, qu'elle semblait ne vouloir connaître personne, pas même ses proches parents, si on ne lui paraissait pas être porté à la dévotion et avoir un grand amour pour Dieu. Elle s'étonnait que des âmes qui espèrent les biens célestes et la possession éternelle d'un Dieu, puissent faire tant de cas des créatures, qui ont un être si limité, et où l'on rencontre souvent autant de maux que de biens. Son zèle pour le culte divin était extraordinaire. Elle voulait que tout se fît au chœur avec la plus grande exactitude possible. La moindre faute la choquait et elle ne la laissait pas impunie. Lorsqu'il manquait une officiante ou choriste, elle était toujours prête à la remplacer, quelque jeune que fût la professe à qui elle devait se joindre.

II. Sa ferveur.

La ferveur, qui est la marque des personnes vraiment spirituelles, a été non-seulement extraordinaire, mais encore très-constante dans Marie-Marguerite. Quoiqu'elle fût presque toujours incommodée par quelque infirmité, et qu'elle ait eu cinq ou six grandes maladies, elle ne se relâcha jamais, elle demeura toujours la même, comme si elle eût eu la santé la plus robuste. Elle avoua à une de ses sœurs que Dieu lui avait accordé cet esprit de ferveur dès le moment qu'elle s'était donnée à lui, et qu'il lui avait toujours continué la même faveur. Quand elle était supérieure, elle donnait l'exemple en tout, se trouvant toujours la première, même dans ce qu'il y avait de plus pénible, et ne voulant jamais être dispensée de rien sous le prétexte de sa charge; et quand, à cause de sa santé, on la priait de se retirer, elle usait de son autorité pour commander qu'on la laissât faire. Ainsi on la voyait souvent, comme la moindre de la maison, laver la vaisselle, porter du bois, travailler à la lessive et aider à faire le pain. Lorsqu'elle fut hors de charge, elle exécutait avec tant d'empressement ce que l'obéissance lui avait ordonné, que l'on eût dit qu'elle y courait : c'était

à faire honte aux jeunes religieuses. A l'âge même
de soixante-treize ans, quoiqu'elle eût les doigts en-
flés et tout endoloris par suite de ses fréquents accès
de goutte, on ne pouvait l'empêcher de laver encore
la vaisselle. Également dans les derniers temps de sa
vie, elle demandait d'être d'office au chœur à son rang
aussi bien que les autres sœurs, parce qu'elle ne
voulait point d'exemption, et elle s'acquittait de cet
emploi avec tant de ferveur et d'application, malgré
sa faiblesse, que bien souvent, à la fin de la semaine, il lui fallait se mettre au lit, à cause de
la violence qu'elle s'était faite. Dans le manuscrit
des Constitutions, on avait statué que les exercices
spirituels de dix jours auraient lieu tous les deux
ou trois ans; mais quand on fit imprimer ces mêmes
Constitutions, elle y fit mettre, avec l'agrément de la
communauté, que toutes les religieuses feraient ces
exercices chaque année et qu'elles s'y livreraient les
unes plus tôt, les autres plus tard ; afin que l'exemple
de celles qui seraient en retraite stimulât celles qui
ne la faisaient pas, et que la ferveur de celles qui en
sortaient entretînt la ferveur et la dévotion dans la
maison.

III. Sa dévotion envers le saint Sacrement de l'autel.

Marie-Marguerite avait une dévotion on ne peut
plus tendre envers le Saint-Sacrement : ordinairement elle l'appelait son amour. « Il faut que j'aille,

« disait-elle, visiter mon amour. » Elle contemplait
Notre-Seigneur sous les saintes espèces avec une
si vive foi, que l'on eût dit qu'elle le voyait de ses
propres yeux. Les jours où le Saint-Sacrement était
exposé, elle ne sortait guère du chœur, et lorsque
quelque affaire l'obligeait à le quitter, elle ne pouvait s'empêcher de laisser entrevoir la peine et la
violence qu'elle souffrait. Elle entendait toutes les
messes qui se disaient dans la chapelle du monastère, et cela surtout dans les dernières années de sa
vie, où elle avait plus de loisir. Lorsqu'on alla habiter
le bâtiment neuf, elle éprouva un vif regret de quitter
sa chambre, qui était une des plus rapprochées du
chœur. Étant supérieure, elle porta sur elle-même
pendant longues années la clef du tabernacle, et de
temps en temps elle disait à Notre-Seigneur Jésus-
Christ avec une aimable simplicité : « Mon amour,
« j'ai la clef de votre prison ; vous êtes à moi ; vous
« êtes mon prisonnier : prenez mon cœur avec vous
« dans votre tabernacle, afin qu'il ne nous arrive
« jamais de nous séparer. » Ses directeurs lui
avaient prescrit la communion de tous les jours : ce
à quoi elle se conforma exactement pendant l'espace
de trente et un ans. Quoiqu'il n'y eût que vingt-
quatre heures d'une communion à l'autre, le désir
qu'elle avait de s'unir à son divin Époux était si
ardent, que parfois elle mourait pour ainsi dire de
langueur. Elle retirait tous les jours de nouvelles
forces de la réception du pain de vie. Quelquefois

elle y trouvait la santé du corps : on l'a vue, après un certain temps de maladie, se lever du lit sans être guérie, se faire conduire à l'église et se trouver, après la communion, presque sans mal et sans faiblesse. Aussi elle excitait la compassion, les jours où la maladie ou toute autre raison l'empêchait de communier. Afin de l'éprouver, un de ses confesseurs l'avait privée de la communion journalière et réduite aux seules communions de règle pour trois mois ; elle obéit avec soumission, mais son obéissance ne put lui ôter son amour et ses désirs ; on la vit sécher à vue d'œil, au point que le directeur, ému de compassion à la vue de ses langueurs, se crut obligé de lui donner de nouveau la faculté de communier tous les jours : ce qui lui rendit d'abord sa première vigueur et fit qu'on ne l'éprouva jamais plus de cette sorte.

Pour se disposer à la communion, elle se confessait tous les jours, tant qu'elle en avait la commodité, et cela avec un air confus et humilié, une vive contrition et des larmes abondantes. C'était encore plus de larmes lorsqu'elle approchait de la sainte table. Le feu intérieur qui la consumait, enflammait son visage de manière que, quoiqu'elle fût belle d'elle-même, sa beauté prenait alors un éclat ravissant et, comme le disait une de ses filles, *cet éclat semblait tenir du divin plus que de l'humain.* Le P. Camin, supérieur des Pères de la Doctrine chrétienne, a avoué qu'un jour, en lui donnant la communion, il vit un grand éclat de lumière sur son visage, et une colombe reposer sur sa tête.

IV. Son amour pour le prochain.

L'amour du prochain étant une conséquence immédiate de l'amour de Dieu, Marie-Marguerite, qui brûlait de si vives flammes pour le souverain Auteur de son être, ne pouvait que ressentir les ardeurs d'une charité peu commune à l'égard de ses semblables.

Jamais mère, en effet, n'a aimé ses enfants avec plus de tendresse qu'elle n'en a eu pour les pieuses filles soumises à sa direction : elle s'inquiétait de toutes leurs peines, elle partageait tous leurs chagrins, et ne cherchait rien tant qu'à les soulager. Dans leurs maladies, elle était comme collée au chevet de leur lit ; elle voulait leur présenter tout de sa main, et quelque contagieux que fût le mal, elle ne pensait jamais au danger de le contracter, mais seulement à ce qu'elle pourrait faire pour rendre service. Une religieuse lui fit part un jour d'une tentation violente qui la tourmentait sans cesse : elle lui donna les avis nécessaires pour en tirer bon parti ; et comme, malgré les remèdes indiqués, les assauts n'étaient ni moins fréquents ni moins terribles, elle se donna la discipline tous les jours pendant une année entière, pour que Dieu eût enfin pitié de cette pauvre fille. Une autre religieuse, d'un assez mauvais naturel et d'une vertu fort médiocre, se trouvait à charge d'abord à elle-même par suite des tentations qu'elle éprouvait depuis longtemps, puis à toute la communauté, à cause des petites dispenses qu'elle ne cessait de solliciter, sous le prétexte de quelques infirmités corporelles qui la faisaient souffrir. Cependant, Marie-Marguerite avait pour elle des égards pleins de charité et de tendresse. A l'exemple du bon Pasteur laissant ses quatre-vingt-dix-neuf brebis fidèles pour courir après la brebis égarée, elle faisait à l'endroit de cette religieuse la part de ses peines et de ses faiblesses, la supportait avec une sage patience, de peur qu'elle n'achevât de perdre l'esprit de son état, et allait même, dans ce but, jusqu'à condescendre à certaines de ses fantaisies. Quelquefois, feignant d'avoir elle-même besoin de certaines douceurs, elle se les faisait donner par la sœur chargée de la dépense, et puis elle les apportait secrètement à sa protégée. A la mort de sa charitable mère, la religieuse dont nous venons de parler ressentit vivement la perte qu'elle avait faite. Ses infirmités avaient augmenté, et ses tentations la tourmentaient toujours avec la même violence. Cependant, comme elle n'osait s'ouvrir à personne, elle tomba et demeura longtemps dans un abattement voisin du désespoir. Dans cette extrémité, elle se dit un jour que celle qui l'avait traitée avec tant de charité sur la terre, ne lui refuserait pas son assistance du haut du ciel. Elle se mit donc à l'invoquer avec confiance, lui promettant quelques prières à cette intention, et dès lors elle éprouva du soulagement dans ses perplexités ; ses troubles se dissipèrent, et elle finit par être exempte de ses peines d'esprit et par jouir d'une parfaite tranquillité, quoique Dieu, pour la sanctifier, lui eût laissé ses infirmités corporelles. Une dame, prévenue contre Marie-Marguerite par un faux rapport qu'on lui avait fait sur son compte, la fit demander au parloir et la chargea d'injures sans vouloir entendre aucune raison. La mère de Villard , après n'avoir donné à cette personne que des paroles pleines de douceur et de charité, voulut encore lui prouver d'une manière certaine quels étaient à son égard les sentiments de son cœur. Ainsi, le même jour, avant la nuit, elle lui envoya un présent de dévotion, en lui faisant protester que ce qui s'était passé dans la journée n'avait rien diminué de son respect pour elle, et qu'elle se sentait plus disposée que jamais à lui rendre service. Cette dame ne put tenir contre une telle générosité ; elle conçut dès lors une si haute idée de sa vertu, que, durant tout le reste de sa vie, elle ne cessa d'avoir une profonde estime pour elle. Les pauvres de Jésus-Christ avaient aussi une grande part à la charité de Marie-Marguerite. Elle croyait devoir tout prodiguer pour leur procurer du soulagement, et, d'après ses ordres, aucun pauvre ne devait être renvoyé sans aumône. Aussi, des personnes du dehors écrivirent un jour ces mots : *Mai-*

son de Charité, sur la porte du monastère. Enfin, les nécessités spirituelles étant bien plus grandes que les corporelles, elle en était encore plus vivement touchée. Elle pensait souvent aux pécheurs, et ne cessait de les recommander à la miséricorde divine. A la messe et à l'élévation du calice, elle offrait pour eux à Dieu le précieux sang de Notre-Seigneur avec les paroles les plus tendres, et Dieu lui fit entendre une fois que cette pratique lui était très-agréable, l'exhortant à en faire autant tous les jours.

V. Ses diverses dévotions.

Elle avait une dévotion toute particulière à la très-sainte Trinité. C'était avec une ferveur nouvelle qu'elle en célébrait la fête, et, ce jour-là, l'ardeur de son âme était si grande, qu'au dire d'une de ses religieuses, elle avait le visage tout enflammé et on l'eût prise pour un séraphin.

Dans la vie qu'on vient de lire, il est presque partout question de son amour pour le Verbe incarné. Il nous suffira d'ajouter ici que tous les jours elle récitait quelques prières en l'honneur de la Passion du Sauveur. Elle saluait chaque partie de son saint corps en particulier par la prière *Salve tremendum ;* et, après sa mort, elle conseilla cette dévotion à une religieuse, lui faisant entendre que les membres sacrés de Notre-Seigneur Jésus-Christ étaient comme autant de canaux par où les grâces du ciel descen-

draient dans son âme. Elle a eu également, durant
toute sa vie, une grande dévotion au Saint-Esprit.
Non contente de lui conserver toujours le trône de
son cœur dans la plus grande pureté possible, elle
en portait l'image à son cou, la fit représenter sur
des tableaux et la fit placer en riches broderies sur
les ornements de la chapelle. La sainte Vierge, qui
ne cessa de lui tenir lieu de mère durant tout le cours
de sa vie, eut aussi une large part à son affection et
à sa reconnaissance ; elle l'honorait et l'invoquait en
toute rencontre ; elle s'obligea par vœu à jeûner au
pain et à l'eau toutes les veilles de ses fêtes ; mais
elle aimait surtout à l'honorer dans le grand privilége
de son Immaculée Conception, se sentant disposée à
donner mille vies pour soutenir cette croyance (*que
le Saint-Siége vient de placer au rang de nos dogmes
sacrés*). Elle avait encore une profonde vénération et
une ferme confiance envers saint Joseph ; elle com-
prit de bonne heure que ce grand saint a eu des
rapports trop élevés et trop intimes avec Jésus et
Marie, pour qu'en aimant le Fils et la Mère, on ne
doive pas lui donner après eux la première place
dans notre cœur. Aussi voyons-nous dans la vie de
cette révérende mère que, lorsqu'elle eut perdu M. de
Villard, son père, elle conjura le Seigneur de lui
donner saint Joseph à sa place, et qu'ensuite, dans
ses grandes nécessités, ce saint était son refuge. Les
autres saints qu'elle honorait d'une manière spéciale
étaient son ange gardien, les saints qui ont eu des

relations particulières avec la Sainte Famille ; puis saint Pierre, prince des apôtres, saint Jean l'Évangéliste, sainte Marguerite, sa patronne, et saint Augustin, qui, un jour qu'elle était à prier devant le Saint-Sacrement, lui apparut, la présentant à Notre-Seigneur, comme un père présenterait sa fille à un grand prince qui l'aurait recherchée pour épouse. Enfin, elle avait un grand zèle pour contribuer au soulagement et à la délivrance des âmes du purgatoire. Elle faisait prier le plus qu'elle pouvait à cette intention ; elle était heureuse, lorsque les sœurs lui promettaient de temps en temps quelques *De profundis*, ou même seulement le verset *Requiem æternam*. Ordinairement, elle offrait elle-même à Dieu, pour ces pauvres âmes souffrantes, la plus grande partie de ses oraisons, de ses communions et de ses mortifications. Lorsqu'elle apprit la mort de la fondatrice, qu'elle n'avait cessé de respecter comme sa supérieure et d'aimer comme sa mère, elle fit abandon entre les mains de Dieu, pour le repos de son âme : 1° de tout le bien qu'elle pouvait avoir fait en ce monde ; 2° de tout celui qu'elle pourrait faire à l'avenir ; 3° de toutes les bonnes œuvres, comme messes, communions, prières et pénitences qu'on offrirait pour elle-même après sa mort.

VI. Sa confiance en Dieu.

La confiance en Dieu, qui est la vertu des grandes âmes, qui fait prendre les plus généreuses résolutions et mépriser les plus grands obstacles, était nécessaire à Marie-Marguerite et elle ne lui a jamais manqué. Pour correspondre à sa vocation, elle n'a d'autre appui que le conseil d'un directeur extraordinaire et étranger. Lorsqu'elle commence à s'ouvrir de son dessein d'entrer dans un ordre nouvellement conçu, le public se met à dire que ce projet arrive trop tard, qu'il y a déjà assez de monastères de filles, et que le dessein de Marie-Marguerite annonce en elle des sentiments de présomption, ou de l'inconstance, ou au moins peu de bon sens. Pour l'en détourner, Mgr l'évêque de Mende emploie contre elle toutes les rigueurs dont il peut user. Son oncle, savant jésuite, lui écrit des lettres pleines de mécontentement, il lui reproche d'être une opiniâtre et une présomptueuse ; ses parents l'accusent d'ingratitude et d'inhumanité à leur égard. Elle se dirige cependant vers Lyon, où la voix de Dieu l'appelle ; mais elle n'y trouve encore rien de tout ce qu'elle attendait. Mgr l'archevêque de cette ville se montre inexorable à toutes les sollicitations qu'on lui adresse. La fondatrice envoie Marie-Marguerite à Paris pour voir s'il y aura moyen d'exécuter son pieux dessein. Elle y passe quatre ans entiers au milieu de toute sorte d'épreuves et sans obtenir aucun résultat. On la rappelle à Lyon, où certains motifs donnaient lieu d'espérer; mais, à son retour dans cette ville, il se trouve encore que Mgr le cardinal ne veut point entendre parler de l'établissement du nouvel ordre. Enfin, si l'on veut commencer, il faut que l'on aille bien loin du lieu auquel on aurait le plus tenu. Une humble et petite colonie est envoyée à Avignon; Marie-Marguerite est obligée d'en prendre la direction, et on ne lui donne que la modique somme de 3,000 livres pour jeter les fondements du premier monastère de l'ordre. Mais, tandis qu'après son arrivée à Avignon, ses filles ne peuvent s'empêcher de verser des larmes à la vue de leur humble et triste position, elle qui a toujours espéré, se met à l'œuvre avec assurance; son ouvrage se fortifie par le nombre des difficultés qu'elle a à vaincre; et, comme il arrive toujours à ceux qui ont mis leur confiance dans le secours divin, Dieu couronne ses généreux efforts en la faisant triompher de tous les obstacles et en lui donnant la consolation de fonder une maison sainte comme on en voit peu.

VII. Son humilité.

L'humilité était celle de toutes les vertus que Marie-Marguerite avait le plus à cœur; elle ne se plaisait qu'à penser à la grandeur de le majesté diviné, et, selon sa manière de parler, *à s'enfoncer dans son propre néant*. Durant tout le temps qu'elle fut supérieure, elle se faisait de grandes violences pour tenir son rang et faire respecter la dignité de son caractère; elle eût voulu passer la dernière, elle ne reconnaissait en elle-même que péchés et résistances à la grâce. En un mot, elle se regardait comme une pécheresse parmi des anges et se croyait indigne de vivre parmi tant de saintes. Quelquefois, dans le courant de l'année, elle faisait au réfectoire ou au chapitre la confession publique de ses fautes, la corde au cou et une bougie à la main. Souvent encore, malgré sa qualité de supérieure, elle priait ses filles, même les plus jeunes, de l'avertir des fautes qu'elles pourraient avoir remarquées en elle ; et, quand elles faisaient difficulté de la satisfaire, elle se mettait à genoux devant elles, ne les quittant point qu'elles ne lui eussent dit ce qu'elles savaient, ou qu'elles ne lui eussent promis de l'avertir, lorsqu'elles s'apercevraient de quelqu'une de ses fautes. Un jour, étant allée au noviciat, elle poussa l'humilité jusqu'à s'étendre par terre et à commander aux novices de lui mettre, les unes après les autres, le pied sur la bouche, et quand elles hésitaient à lui obéir, elle leur prenait elle-même le pied et le plaçait sur sa bouche. Pendant longues années, le soir, et lorsque tout le monde s'était mis au lit, elle alla souvent au chœur, où, après avoir fait devant le Saint-Sacrement un acte d'adoration et un acte d'humilité, elle se traînait par terre, baisant pieusement la place où chaque religieuse mettait les pieds, et demandant à Dieu, à chacune de ces stations, qu'il lui fît part de la vertu qu'elle avait le plus remarquée dans la sœur qui occupait cette place. Ensuite, si quelqu'une d'entre les sœurs lui avait causé du déplaisir, elle allait, avant de rentrer chez elle, baiser la terre à la porte de sa chambre, demandant pour elle en ce moment quelques grâces particulières, et le lendemain, elle baisait encore les pieds à toute la communauté, afin d'avoir l'occasion de les baiser à cette religieuse. En voyant sa simplicité et la modestie de son maintien, on l'aurait prise pour la servante de la maison plutôt que pour celle qui la gouvernait. A la vérité, quand il lui fallait agir en supérieure, reprendre les sœurs en faute et corriger les abus, elle savait très-bien se donner le ton convenable et faire sentir son autorité ; mais, pour en venir là, elle avait besoin de s'étudier et pour ainsi dire de se contrefaire ; tandis que la pratique de l'humilité lui était comme naturelle. Lorsqu'à cause de son âge avancé et de ses infirmités, on élut une autre supérieure à sa place, il était beau de la voir devant celle qui avait en main la direction de la maison. On s'apercevait aisément à sa modestie et à son maintien respectueux qu'elle ne regardait que Dieu dans la nouvelle mère. Elle lui montrait une telle déférence que, quoique, par exemple, Mgr l'archevêque lui eût donné d'une manière absolue la permission de communier tous les jours, elle ne laissait pas d'aller chaque matin se jeter à genoux aux pieds de la supérieure, pour qu'elle lui permît de s'approcher de la sainte Table. Le R. P. Gibalin de Villard, son oncle, l'ayant une fois obligée à laisser prendre son portrait, elle s'en empara adroitement et le mit en pièces ; et, dans la suite, malgré toutes les instances qui lui en furent faites, elle ne voulut jamais consentir à se laisser peindre.

VIII. Son esprit de mortification.

Marie - Marguerite a d'abord souffert avec une patience admirable quatre ou cinq grandes maladies, un violent mal de tête, qui lui dura plusieurs années, de continuels échauffements de sang ; et, vers la fin de sa vie, les douleurs de la goutte aux mains. Un jour, comme elle allait au chœur pour l'oraison, elle se laissa tomber dans l'escalier, et à cause de la goutte qu'elle avait aux mains, elle ne put se relever d'elle-même ; il lui fallut rester dans cette pénible position tout le temps de l'oraison ; mais, lorsque les sœurs, en sortant du chœur, vinrent la relever, elles la trouvèrent aussi calme et aussi douce que si rien ne lui 'était arrivé. Cependant, ce n'était pas assez que la patience pour son âme généreuse ; elle s'arma encore d'une grande sévérité contre sa chair, et elle alla même jusqu'à prier Dieu de la faire souffrir. On a remarqué que toujours, à l'époque du carnaval, elle éprouvait quelque maladie ; elle demandait sans doute à être alors ainsi traitée, afin d'être en état de satisfaire à Dieu pour les offenses qu'il reçoit en ce temps plus qu'en tout autre. La veille des grandes fêtes, elle se donnait la discipline en plein réfectoire, et le faisait avec tant de sévérité que la mère assistante était obligée de se lever pour lui enlever sa discipline ou lui jeter au moins une serviette sur les épaules. Tous les jours, elle en faisait autant dans sa chambre, au point que bien des fois ses voisines, en étant éveillées, étaient accourues pour la faire cesser. Vers la fin de sa vie, on aurait voulu la dispenser de ce saint exercice à cause de ses infirmités ; mais il fallait lui accorder de se flageller trois fois la semaine. Ordinairement, c'était aussi trois fois la semaine qu'elle portait le cilice. De temps en temps encore, elle se chargeait de bracelets et de ceintures de fer. Pendant l'oraison, elle priait souvent, les genoux nus contre terre ; elle mettait de petites pierres dans ses bas ou dans ses souliers pour souffrir en marchant ; elle mâchait en secret de l'absinthe ou d'autres choses amères. Quand elle avait quelque affaire importante à traiter, elle faisait des neuvaines ou des trentaines de mortifications. Lorsqu'elle était supérieure, elle n'imposait jamais aucune pénitence à quelqu'une de ses filles, qu'elle ne la fît aussi elle-même. Au repas du soir, elle se privait souvent d'une partie de son ordinaire pour se disposer à la communion du lendemain ; et quand on lui parlait de cette mortification, elle se contentait de répondre que cette abstinence lui était salutaire.

IX. Son amour pour la pauvreté.

Marie-Marguerite possédait à un degré éminent cet esprit de pauvreté ou de détachement des choses d'ici-bas, que les gens du monde ignorent ou ne comprennent pas, que le christianisme seul est capable de produire, et *qui*, selon le langage de saint Ignace, *sert comme de rempart à la vie religieuse*. Elle n'avait rien à son usage qu'elle ne cédât volontiers à toutes celles de ses sœurs qui en avaient besoin. On l'a vue souvent donner ses habits et les couvertures de son lit à certaines de ses filles, lorsqu'elle s'apercevait qu'on les avait moins bien servies qu'elle-même ; elle n'était jamais plus satisfaite que lorsqu'on lui donnait du linge ou des habits usés et rapiécés. « Ceci fera très-bien mon affaire, disait-elle, j'y trouve ma commodité. » Lorsqu'on prenait un peu plus de soin des choses qui étaient à son usage, et lorsqu'à cause de ses infirmités on lui présentait pour sa nourriture quelque chose de particulier ou de mieux préparé, elle en souffrait visiblement une peine très-grande, et tant qu'elle fut supérieure, elle usait de son autorité pour défendre qu'on la traitât de la sorte ou pour se plaindre de ce qu'on ne lui obéissait pas. Dans ses dernières années, on lui donna une sœur converse pour l'assister dans les nombreux besoins que ses infirmités lui occasionnaient, mais elle n'accepta ce secours que par obéissance et non sans verser beaucoup de larmes; elle ne souffrait jamais, étant en santé, que l'on fît pour elle ce qu'elle pouvait faire par elle-même. Lorsqu'on eut élu une autre supérieure à sa place, son premier soin fut de se dépouiller de tout ce qu'elle avait à son usage. On ne voyait alors rien de superflu dans sa chambre, et elle en mettait de temps en temps le tout à la disposition de la supérieure. Celle-ci, se trouvant confuse de voir sans cesse à ses pieds une vénérable religieuse, avancée en âge et consommée dans la vertu, lui avait donné certaines permissions générales, mais elle ne voulut jamais en user, et il fallut que, pour la contenter, on la laissât, jusque dans les moindres choses, solliciter, comme la dernière des novices, ses permissions auprès des religieuses placées au-dessus d'elle.

X. Sa manière de gouverner.

Pendant les vingt-cinq ans que Marie-Marguerite gouverna le monastère d'Avignon, elle ne cessa de montrer dans son administration une prudence et une sagesse bien au-dessus de son sexe. Ce qui la relevait ainsi et la maintenait dans de si bonnes voies, c'est qu'elle ne pouvait souffrir d'autres maximes que celles du ciel et qu'elle n'écoutait en rien la sagesse humaine et la prudence de la chair;

ses filles étaient toutes persuadées qu'elle ne regardait que Dieu ; aussi, lors même qu'elle leur adressait quelques reproches ou leur imposait quelque pénitence, elles n'avaient pas pour elle moins de respect ni moins d'amour, voyant bien qu'elle ne les traitait de la sorte que pour l'acquit de sa conscience et pour procurer leur avancement spirituel. En général, elle préférait la douceur à la sévérité, elle ne refusait jamais rien de tout ce que la règle l'autorisait à accorder ; quand elle se voyait contrainte de ne pas accorder quelque chose, elle adoucissait son refus par des paroles si obligeantes, et donnait aux sœurs qui la sollicitaient des raisons si bonnes et si persuasives, qu'elles sortaient de chez leur mère sans éprouver du mécontentement ; elle cherchait même et saisissait avec empressement les occasions et les moyens d'obliger ses bien-aimées filles, afin de leur adoucir autant que possible les peines de l'obéissance et l'austérité de la vie religieuse. Il lui arrivait de temps en temps de se glorifier de la tendresse qu'elle avait pour ses religieuses, surtout pour celles qu'elle voyait souffrir quelque peine, soit de corps, soit d'esprit : « Que voulez-vous ! disait-elle, « je suis mère, j'ai un cœur de mère pour mes filles, « je ressens moi-même tout ce qui les touche, et je « ne saurais faire autrement. » Le point extérieur de la règle auquel elle tenait le plus, c'était l'article concernant le parloir ; elle avait compris de bonne heure, et l'expérience de plusieurs années lui avait fait connaître que le parloir est un écueil funeste à bien des religieux. Elle était pleinement convaincue que, dans des conversations prolongées ou trop fréquentes avec des personnes du siècle et surtout avec des hommes, les religieuses finissent par perdre la dévotion et l'esprit de leur état, quand elles ne courent pas de plus grands dangers. Aussi, c'était avec la plus grande difficulté qu'elle accordait à ses religieuses d'aller au parloir, et, dans ces cas, foulant aux pieds tout respect humain, elle les y accompagnait elle-même presque toujours; elle en faisait autant encore quand il s'agissait des pensionnaires que l'on élevait dans la maison. Et ce qui prouve que sa sévérité sur ce point était fondée et par là même très-louable, c'est qu'après sa mort elle apparut à une religieuse et lui recommanda de l'imiter en cela, si elle voulait être bien agréable à Dieu et obtenir les plus heureux résultats.

XI. Sa préparation journalière à la mort.

Quels que fussent ses occupations et ses embarras, Marie-Marguerite s'entretenait sans cesse de la salutaire pensée de la mort; et non contente de la prévenir d'une manière générale et éloignée, qui consiste, selon saint Paul, à vivre dans la tempérance, dans la justice et dans la piété; elle s'y disposait par une préparation prochaine de tous les jours, suivant pour cela une sainte pratique qu'un serviteur de Dieu lui avait enseignée. Ainsi, le lundi, elle se représentait que la lassitude, la défaillance et le mal de cœur qu'elle éprouvait étaient des dispositions à une maladie dangereuse qui devait l'enlever de ce monde; ensuite elle faisait un acte de renoncement à toute pensée d'amour-propre et aux inclinations de la nature pour ne s'attacher qu'à Dieu seul.

Le mardi elle s'imaginait qu'étant saisie d'une violente fièvre, accompagnée de frissons et d'une soif extrême, il lui était défendu de parler à qui que ce fût et que les remèdes de la médecine ne la soulageaient que fort peu. Dans cet état, elle se tenait dans la solitude et offrait à Dieu en sacrifice sa résignation à sa divine volonté.

Le mercredi, elle faisait une exacte revue de sa vie passée, et avec les larmes d'une vive contrition, elle lavait ses fautes, comme si son mal augmentait et qu'elle sentît la mort s'approcher.

Le jeudi, elle communiait en viatique, prenant la sainte Eucharistie des mains du prêtre, comme de celles de Notre-Seigneur.

Le vendredi, elle se considérait comme sur le point de mourir et se figurait qu'on lui administrait le sacrement de l'Extrême-Onction. C'est pourquoi elle renouvelait ses vœux, demandant pardon à la communauté pour les mauvais exemples qu'elle avait donnés, et se recommandait aux prières des religieuses; enfin elle se représentait qu'elle entrait dans l'agonie et qu'elle allait rendre son âme à Dieu.

Le samedi, elle pensait que son âme, étant séparée de son corps, allait être appelée à paraître devant le souverain Juge, pour répondre de tous ses péchés et de toutes ses infidélités.

Le dimanche, elle sortait du tombeau avec Notre-Seigneur et croyait qu'il lui redonnait la vie, à condition qu'elle en ferait un meilleur usage. Chaque soir, à la fin de cette pratique, en adorant les trois personnes divines, elle faisait au Père-Éternel l'hommage de son être tout entier, des facultés de son âme et de son corps, ainsi que de toutes ses actions, elle remerciait le Fils de son incarnation, de ses souffrances, de sa mort et de ses autres mystères, et se consacrait au Saint-Esprit, avec la résolution de ne le jamais contrister et de suivre au contraire toutes ses inspirations. Enfin, après s'être couchée, elle attendait le sommeil comme si elle eût attendu la mort.

XII. Certains faits miraculeux qu'elle a opérés de son vivant.

L'auteur de la vie manuscrite de la mère de Villard rapporte que les provisions du monastère d'Avignon avaient été quelquefois multipliées miraculeusement. — Une sœur converse, dangereusement malade, venait d'éprouver un grand évanouissement, et n'avait presque plus de pouls. Marie-Marguerite, l'ayant appris, accourut aussitôt à son secours. Là, après avoir imploré à haute voix l'assistance divine, elle appliqua son visage sur celui de la moribonde, lui soufflant dans la bouche et l'appelant par son nom ; ce qui la fit d'abord revenir de son évanouissement, pour recouvrer bientôt après ses forces ainsi qu'une santé parfaite. — Une autre religieuse, la mère de Rhodes, a fait la déposition suivante : « Dans « une maladie où je me suis trouvée en danger de « mort, la mère supérieure venait, après la commu- « nion, me souffler dans la bouche, et à chaque fois « qu'elle me communiquait ce souffle mystérieux, je « me sentais prendre un peu plus de vigueur. » Marie-Marguerite avait la pieuse coutume d'aller, après la communion, faire la même chose aux sœurs qui se trouvaient malades, et plusieurs d'entre elles ont attesté qu'elles avaient été soulagées à l'instant même. — Un soir, la sœur cuisinière, ne trouvant rien pour le souper d'une malade, alla s'en plaindre à la mère de Villard. Celle-ci la renvoya en lui disant : « Allez prier Dieu, et la Providence aura soin de nous. » Quelque temps après, pendant que la communauté était à table, un petit animal domestique entra dans le réfectoire, portant un pigeon tout préparé et prêt à mettre à la broche. — Un autre jour, la sœur cuisinière étant dans un semblable embarras, le même animal domestique entra encore dans le réfectoire, au moment du repas, portant cette fois un lapin vivant ; et cependant il n'y avait point de lapins dans la maison, ni dans le voisinage. — Un pauvre homme, aveugle et paralytique depuis plusieurs années et à qui la mère de Villard avait fait l'aumône, se trouvait dans une nécessité plus grande qu'à l'ordinaire; il eut recours à sa bienfaitrice par le moyen d'une personne qu'il lui envoya pour lui faire connaître son pressant besoin. C'est pourquoi, un instant après, Marie-Marguerite, voyant la sœur tourière qui partait pour le marché, l'appela : « Avez-vous de l'argent, lui dit-elle? — Je n'ai qu'un quart d'écu, répondit la tourière. — Eh bien! allez donner cet argent au pauvre aveugle et paralytique. — Mais il faut que j'aille acheter une chose qui est nécessaire pour le dîner de la communauté et pour laquelle il me faudra tout cet argent. De plus, la sœur économe m'a dit qu'il n'y avait plus rien dans son coffre. — N'importe, allez donner le quart d'écu que vous avez à ce pauvre homme qui en a un besoin extrême, et ayez un peu plus de confiance en Dieu, qui saura bien pourvoir au besoin de sa communauté. » La sœur tourière se décida enfin, mais non sans peine, à obéir au commandement qui lui était fait. Or, au premier pas qu'elle fit dans le parloir extérieur, elle aperçut devant elle une pièce en or, et, l'ayant ramassée, elle revint vers la mère supérieure, en lui disant : « Voilà qui nous arrive bien à propos. Maintenant j'irai sans peine porter au pauvre aveugle le quart d'écu que vous m'avez dit de lui donner. » Mais la mère de Villard lui répondit : « A Dieu ne plaise que la maison profite de cette aumône de Dieu; le Verbe incarné ne l'a pas envoyée pour nous ; nous n'y avons aucun droit : portez-la au malade, et achetez avec le reste ce qui est nécessaire pour la maison, puisque Dieu le veut ainsi. » Une fois, des marchands étaient venus apporter certaines provisions, et ils voulaient être payés avant leur départ de la ville, comme d'ailleurs on le leur avait promis. Cependant la maison était sans argent et on n'en trouvait pas à emprunter. Que faire dans cet embarras ? On aurait prié les marchands d'attendre un peu ; mais on craignait que cet aveu de la détresse de la maison ne lui portât préjudice. A cette vue, Marie-Marguerite s'écria : « Je vois bien ce que c'est : nous avons compté sur les hommes, et ils nous ont fait défaut : nous aurions mieux fait de mettre uniquement notre confiance en Dieu. » Et de ce pas, prenant une autre sœur avec elle, elle alla se prosterner devant le Saint-Sacrement et resta là en prières depuis neuf heures du soir jusqu'à minuit. Le lendemain, de bon matin, un débiteur du monastère, vint s'acquitter au delà même de ce qui était échu. La mère de Villard demanda à cet homme où il avait passé la nuit ; il lui répondit : « Je vous avouerai, madame, que j'ai marché toute la nuit, quoiqu'il n'y ait pas trop de plaisir à le faire pendant l'hiver ; mais il m'a semblé que quelque chose me pressait de venir et de me hâter. » — Une veille de la Fête-Dieu, comme elle était occupée à décorer la chapelle, la sœur qui l'aidait lui dit : « Ma mère, puisque c'est un si beau jour que demain, n'aurons-nous pas un peu de symphonie pour relever la solennité? — Je le voudrais bien, répondit la pieuse supérieure, mais l'argent nous manque. »

Elles en étaient restées là, lorsqu'un peu avant de sortir de la chapelle, cette sœur, apercevant de loin un papier sur le pavé, alla le ramasser et y trouva une pièce d'or. « Voici, ma mère, s'écria-t-elle, ce que le Verbe incarné nous envoie pour payer notre musique. » La révérende mère, après avoir remercié Dieu de sa bonté, lui répondit : « Il est bien juste que nous consacrions cette pièce à la gloire de Celui qui nous l'envoie pour cet usage. »

XIII. Son don de prophétie.

Marie-Marguerite voyait si clair dans la conscience de ses religieuses qu'elle semblait y lire tout ce qu'elles avaient fait, et même discerner jusqu'aux motifs qui les avaient dirigées dans leurs actions. — Une sœur était allée lui demander la permission de faire une pénitence publique : « Vous voulez, lui dit-elle, vous mortifier, c'est bien ; mais pourquoi voulez-vous le faire avec une mauvaise intention ? Puisque vous n'avez que tel et tel motif, il vaut mieux que vous ne fassiez pas la pénitence dont vous me parlez. » — Une pensionnaire qui se sentait fortement appelée à l'ordre du Verbe-Incarné, n'osait, à cause de sa grande timidité, en demander l'habit à la mère de Villard. Cependant un jour, en faisant

la sainte communion, elle se dit : « Si, après cette
communion, la mère supérieure m'appelle et me
parle ainsi : « Ma fille, n'avez-vous rien à me dire,
n'auriez-vous pas quelque chose à me demander, » je
croirai que ma vocation vient de Dieu et je me ferai
violence pour demander l'habit. » Or, voilà qu'après
l'action de grâces, Marie-Marguerite l'appela et lui
dit réellement : « Ma chère fille, n'avez-vous rien à
me dire ; n'auriez-vous pas quelque chose à me demander ? » —Une sœur de l'Enfant Jésus [1], âgée d'environ treize ans seulement, fut atteinte d'une maladie qui l'obligea de sortir du monastère pour se faire
traiter. Son départ affligea beaucoup Marie-Marguerite, parce qu'elle craignait que le monde ne finît
par lui faire perdre ses bons sentiments. Cette bonne
mère recourut donc à Notre-Seigneur Jésus-Christ,
le conjurant de la guérir et de la faire persévérer
dans sa dévotion; le divin Maître lui répondit : « Ne
t'afflige pas, ma fille ; cette enfant guérira, rentrera
dans la maison et sera religieuse dans mon ordre ; » ce
qui s'accomplit exactement ; car cette fille, devenue
plus tard religieuse, y est décédée dans la charge de
supérieure. — Une jeune novice, de bonne maison
et de grande espérance, se trouvait dangereusement

---

[1] On appelle ainsi dans l'ordre les filles qui, n'ayant pas l'âge
requis pour être admises à la vie religieuse, se destinent à y
entrer plus tard et portent un habit particulier en signe de leur
résolution.

malade; la mère de Villard se mit en prières pour
obtenir sa guérison, et, un jour qu'elle suppliait la
divine miséricorde avec plus d'instance que jamais,
elle entendit une voix qui lui dit : « Ma fille, vous
me demandez une chose qui n'est pas pour le bien
de votre novice; si elle guérit, elle ne se sanctifiera
pas; il faut que je la prenne pendant qu'elle est encore dans l'innocence. » Ainsi, ne doutant plus de la
volonté de Dieu à l'égard de la malade, elle répondit
à une sœur qui lui demandait ce qu'elle en pensait :
« Je crois que bientôt elle verra Dieu. » En effet, la
novice ne tarda pas à mourir. — Une pensionnaire,
âgée de neuf ans, fut obligée de sortir du monastère
pour aller entendre la première messe d'un prêtre,
qui était son oncle, et cela dans un autre couvent de
la ville, où certaines de ses parentes avaient été religieuses. Marie-Marguerite, craignant de perdre
cette aimable enfant, la recommanda instamment à
la sainte Vierge, qui lui dit : « Ne crains pas pour la
persévérance de cette orpheline; elle sera ma fille
dans l'ordre de mon Fils et elle t'aidera. » Ce qui
eut effectivement lieu dans la suite. — Une sœur
tourière, devenue plus tard sœur converse, allait
souvent, par ordre de la mère de Villard, à une
maison de campagne appartenant au monastère, et
à son retour il lui arriva plusieurs fois de s'aperce-
voir que cette révérende mère connaissait tout ce
qu'elle avait fait en cet endroit. Cette même fille
était allée à Arles pour faire la provision du blé né-

cessaire à la maison; il arriva au retour que le bateau qui en était chargé, fut sur le point de faire naufrage. La vue du péril lui rappelant le souvenir de sa bonne mère, elle pria le Seigneur de venir à son aide, en considération des mérites de sa fidèle servante, et à l'instant un autre bateau vint à son secours. Ensuite, elle ne fut pas plutôt arrivée à la maison, que la mère supérieure venant, à sa rencontre, lui dit : « Eh bien ! Claudine, vous avez eu grand' peur pour notre bateau ; mais, grâce à Dieu, un autre vous a sauvé du péril. » La même sœur Claudine, encore, étant allée à la métairie, fut une nuit saisie d'une grande frayeur, parce qu'il lui sembla qu'une religieuse, décédée depuis peu, était venue lui demander des prières. C'est pourquoi, le lendemain, elle fit dire une messe pour le repos de l'âme de la défunte ; et, pour mieux se prémunir contre la peur, elle écrivit une lettre à la mère de Villard, la priant de faire dire à un autel privilégié une messe pour une personne qu'elle lui nommerait à son retour. Marie-Marguerite, ayant reçu cette lettre, répondit à la tourière en ces termes : «La personne pour laquelle vous voulez faire dire une messe et que vous ne me nommez pas, c'est la sœur N... Tranquillisez-vous ; la messe que vous m'avez demandée a été dite ce matin, avant l'arrivée de votre lettre ; je l'ai unie à celle que vous avez fait dire hier lundi. Soyez donc en repos et priez toujours pour les pauvres âmes du purgatoire. La dernière année de sa vie, Marie-

Marguerite avait plusieurs fois assuré qu'elle ne la passerait pas tout entière, qu'elle mourrait avant d'en voir la fin : ce qui arriva, comme elle l'avait annoncé ; car, ainsi que nous l'avons déjà dit, elle mourut le quatorzième jour du mois de décembre.

JÉSUS, MARIE, JOSEPH,

SOYEZ A JAMAIS

CONNUS, BÉNIS, AIMÉS ET SERVIS !

NOTICE

SUR

LA SAINTE VIE DE LA RÉVÉRENDE MÈRE

MARIE-HÉLÈNE DE JÉSUS,

GIBALIN DE VILLARD,

SŒUR DE LA RÉV. MÈRE MARIE-MARGUERITE DE JÉSUS,
ET PREMIÈRE SUPÉRIEURE DU MONASTÈRE DU VERBE-INCARNÉ,
A LYON.

CHAPITRE I.

Naissance et éducation de Marie-Hélène. Sa vocation à la vie
religieuse. Elle entre chez les Ursulines du Malzieu. Sa
vêture et sa profession. Ce qui se passe depuis ses premiers
vœux jusqu'à son départ du Malzieu.

On voit assez souvent dans l'Histoire ecclésiastique et dans la Vie des saints que les familles favo-
risées des dons de la grâce, après avoir donné naissance à quelque grand serviteur de Dieu, ont, un
peu avant ou bientôt après, produit d'autres fruits
de bénédiction.

C'est ainsi que, vers la fin du XVIe siècle et au
commencement du XVIIe, Dieu a fait briller l'honorable famille des seigneurs de Villard, du Malzieu.

Il en sortit d'abord un intéressant gentilhomme qui, foulant aux pieds les vanités du monde, dès l'âge de quinze ans, entra dans la Compagnie de Jésus, où il mourut âgé de soixante-dix-neuf ans, après s'être acquis une grande réputation de science et de vertu par une vie pleine de travaux et de mérites. La seconde et la plus belle gloire de cette sainte famille a été la révérende mère Marie-Marguerite dont nous venons d'écrire la vie. Enfin, cette vierge si pure et si généreuse a été immédiatement suivie d'une autre, bien digne de figurer à ses côtés dans nos souvenirs et notre vénération, comme sans doute elle en partage la brillante couronne dans les cieux.

Cet autre lis si précieux, c'est la révérende mère Marie-Hélène de Jésus, à qui nous sommes heureux et fier de consacrer quelques chapitres de notre livre. — Son père, M. Balthasar Gibalin de Villard, après avoir eu la douleur de perdre son épouse, Mme Louise, née de Langlade, contracta quelque temps après un second mariage avec Mlle Claudine d'Amalzier de Beauregard.

Ce fut de cette nouvelle union que naquit la mère Hélène, le 17 mai 1610. Sur le point de venir au monde, elle faillit perdre la vie en même temps que celle qui devait la lui donner. Après plusieurs jours de cruelles souffrances, Mme de Villard était déjà à disputer avec la mort, et on allait en venir aux moyens extrêmes, lorsque la mère de la malade, femme d'une grande foi, pria les hommes de l'art de lui donner le temps de recourir auparavant au secours d'en haut. Elle fit vœu d'offrir à la sainte Vierge autant de cire que pèserait l'enfant qui allait naître ; puis, envoyant chercher le manteau et la ceinture d'une grande statue de Notre-Dame, regardée comme miraculeuse dans le pays, elle plaça ces saints habits sur la malade, qui se délivra immédiatement après, de la manière la plus heureuse. Comme Mme de Villard ne put nourrir son enfant, sans doute par suite de la rude secousse qu'elle venait d'éprouver, Mme de Beauregard, sa mère, prit la jeune Hélène avec sa nourrice dans son château, où elle la garda assez longtemps, parce que la mère de l'enfant, comme celle qui l'avait précédée, mourut après quelques années de mariage. Obligée de tenir la place de Mme de Villard, elle s'appliqua avec un grand soin à donner à sa chère petite-fille une éducation conforme à sa qualité ; ce qui lui fut assez facile, car cette chère enfant se montra, dès l'âge le plus tendre, douée de toutes les qualités de l'esprit et du cœur.

Parvenue à cet âge où les jeunes personnes de mérite commencent à être convoitées, Marie-Hélène fut demandée à plusieurs reprises par des jeunes gens de qualité ; mais elle ne se pressa point de donner un cœur qui d'ailleurs n'était fait que pour le plus noble et le meilleur de tous les époux. Sur ces entrefaites, Marie-Marguerite sa sœur, qui était chez les Ursulines du Malzieu depuis une dizaine d'années, se mit à prier d'une manière toute spéciale pour lui obtenir la grâce de bien connaître sa vocation et de la suivre avec fidélité, et pour cela, elle promit à la Sainte-Vierge de dire le rosaire pendant une année entière à cette intention. Or, dans le courant de cette année, comme elle était à prendre les eaux à trois ou quatre lieues du Malzieu, et tandis qu'elle récitait le rosaire pour sa sœur, en se promenant toute seule dans la campagne, elle ouït une voix distincte qui lui dit : « Si la jeune Hélène était « religieuse, ne serait-elle pas bien placée et pour « l'âme et pour le corps ? » Elle se prosterna aussitôt la face contre terre, et ne doutant pas que Dieu n'eût fait à sa bien-aimée sœur la grâce de l'appeler comme elle à la vie religieuse, elle se mit à lui rendre de très-humbles actions de grâces. En effet, lorsqu'elle fut de retour au Malzieu, la pieuse Hélène étant allée la voir, et ne sachant absolument rien de ce qui venait de se passer à son sujet, lui fit connaître qu'elle se sentait appelée à renoncer au monde et lui recommanda de prier de plus en plus pour elle, afin qu'il lui fût donné de s'assurer parfaitement si telle était la volonté de Dieu à son égard. L'on ne dit pas si Marie-Marguerite lui révéla ce que le ciel lui avait manifesté ; mais du moins dut-elle lui promettre avec un nouvel empressement le secours de ses prières. La jeune Hélène en avait un grand besoin. Non-seulement elle avait à redouter les plus terribles assauts de la part de ses parents, mais encore elle avait à se vaincre elle-même. Elle

eut pendant près d'un an et demi de grands combats intérieurs à soutenir. Plus tard, elle disait quelquefois de bonne grâce : « Mon amour-propre fré-
« missait, lorsque je pensais qu'il me faudrait quit-
« ter le monde avec ses plaisirs, les promenades, les
« soirées, les conversations honnêtes ; que je serais
« obligée de me séparer de ma grand'mère qui m'ai-
« mait tendrement et que je regardais comme ma
« propre mère. Je voulais et ne voulais pas. D'un
« côté, je me disais : il faut attendre encore un peu ;
« et de l'autre : pourquoi ne ferais-tu pas aujour-
« d'hui ce que tu veux faire demain ? Pourquoi n'au-
« rais-tu pas le courage de tant de filles de ton âge
« et de ta condition ? »

Triomphant enfin d'elle-même, elle s'ouvrit sur
sa résolution à son père, qui en fut profondé-
ment affligé ; ensuite, ayant obtenu son consentement à force d'instances, elle alla frapper à la porte
du monastère de Sainte-Ursule du Malzieu, où on la
reçut comme un ange venu du ciel. C'était en 1627,
et dans la dix-septième année de son âge. A peine
se fut-elle réfugiée dans cette sainte solitude,
que madame sa grand'mère, ne pouvant se résoudre à cette séparation, lui fit de fréquentes
visites pour chercher à la détourner de son pieux
dessein. Mais tous ses efforts n'aboutissaient à rien ;
sa généreuse petite-fille se montrait inaccessible aux
discours les plus capables de l'ébranler. De sorte que,
ne sachant plus comment la gagner, Mme de Beau-

regard, en désespoir de cause, demanda aux vicaires généraux et en obtint la permission d'entrer
dans le monastère de Sainte-Ursule et d'y passer
quelque temps, à l'effet de voir si elle pourrait engager la jeune postulante à rentrer dans le monde. Elle
y demeura trois jours entiers, mettant en jeu toutes
les industries que sa tendresse pouvait lui suggérer ;
mais, malgré ses raisons les plus entraînantes et
avec toute l'abondance de ses larmes, elle ne put
remporter la victoire tant désirée. Ainsi, obligée de
s'avouer vaincue, elle accorda son consentement et
permit aux religieuses de donner le saint habit de
leur congrégation à la jeune Hélène, ce qui eut lieu
le 2 février 1627, jour de la Purification de la
sainte Vierge. C'était précisément le jour où Marie-
Marguerite, une dizaine d'années auparavant, avait
elle aussi été revêtue des précieuses livrées de
Jésus-Christ. Cette révérende mère assista à cette
touchante cérémonie avec un recueillement extraordinaire ; pendant qu'elle était à prier Notre-Seigneur
Jésus-Christ d'agréer cette tendre victime qui se
dévouait à le servir à jamais, ce divin Époux lui
fit entendre intérieurement que l'offrande que la
jeune Hélène lui faisait de tout son être, lui était
très-agréable et que sa nouvelle servante était destinée à le suivre jusqu'au Calvaire : prédiction qui
s'est exactement accomplie, la vie de la mère Hélène
n'ayant été qu'un continuel crucifiement, soit de
corps, soit d'esprit. Le temps du noviciat s'écoula

pour elle dans une ferveur toujours nouvelle, une régularité exemplaire et une entière soumission à tout ce qu'on désirait de sa part. Sa douceur surtout lui avait gagné les cœurs de toutes les religieuses ; elles s'estimaient heureuses de posséder un sujet si précieux. Son année de probation étant finie, elle fit ses vœux simples, le 16 février 1628, avec une joie extrême d'être enfin arrivée au port de la vie religieuse, de s'être donnée pour toujours au meilleur de tous les maîtres, au plus aimable et au plus fidèle de tous les époux.

Après avoir prononcé ses premiers vœux, la sœur Hélène de Villard se mit à marcher à grands pas dans la pratique des vertus solides, se montrant de plus en plus la digne émule de sa vertueuse sœur, la mère Marie-Marguerite. Elle ne vivait que d'obéissance en tout et partout, et faisait une guerre continuelle aux inclinations de la nature. L'auteur de la notice que nous suivons, raconte qu'elle ne manquait jamais de se lever à quatre heures, quelle que fût la rigueur de la saison et quelque violence qu'elle fût obligée de se faire pour se conformer à ce point de la règle, à cause de la délicatesse avec laquelle on l'avait élevée dans la maison de sa grand'mère. De son côté, le divin Époux de son âme la récompensa de sa générosité en lui donnant un grand attrait pour l'oraison, la préparant par d'intimes et douces communications au rôle important qu'elle devait remplir plus tard dans l'ordre du Verbe-Incarné.

Sa sœur Marie-Marguerite ne tarda pas à lui faire connaître son dessein d'entrer dans cet ordre, et ce ne fut pas en vain. Marie-Hélène se sentit inspirée de l'y suivre, et se disposa comme elle à correspondre de son mieux à la vlonté divine. Elle accompagna quelque temps après Marie-Marguerite dans le voyage que cette révérende mère fit à Langeac pour aller conférer de son intérieur avec la mère Agnès de Jésus, de l'ordre de Saint-Dominique; elle suivit aussi sa digne sœur lorsqu'elle alla à Lyon voir la mère de Matel et s'entendre avec elle au sujet de l'établissement de l'ordre du Verbe-Incarné; et, dans ce dernier voyage, cette illustre servante de Dieu ayant exigé d'elles, avant leur départ, qu'elles s'engageassent par vœu à venir la rejoindre, la sœur Hélène de Villard, ainsi que Marie-Marguerite, s'empressa d'accéder à cette pieuse sollicitation, laissa son vœu par écrit et le signa de son propre sang. Enfin, quand, après leur retour au Malzieu, elles eurent toutes les deux mis ordre à leurs affaires et attendu le moment favorable d'en venir à l'exécution de leur dessein, elles dirent un dernier et éternel adieu à leurs parents et à leurs connaissances; et, suivies des sœurs Thérèse de Jésus Gibalin, leur cousine, et Marie Malarcher, elles se mirent en route le 30 novembre 1635, quoique le temps fût très-froid et que les montagnes qu'elles avaient à traverser fussent couvertes de neige et de glace. Mais tout est doux à celui qui aime le Seigneur, et ceux qui mettent leur confiance en lui, arrivent sûrement au port désiré, à travers les écueils et les dangers de toute espèce. Elles ne mirent que quatre à cinq jours pour arriver à Lyon ; la mère de Matel les accueillit avec autant de satisfaction qu'elles en avaient elles-mêmes de se voir enfin où Dieu les avait appelées.

CHAPITRE II.

Des quatre années qu'elle passe à Lyon, avant l'établissement de l'ordre. Elle est éprouvée dans sa santé et dans sa réputation.

Il n'y avait que quelques semaines que les deux sœurs Gibalin de Villard étaient arrivées à Lyon, lorsque la sœur Catherine Fleurin, que la fondatrice avait envoyée à Paris pour travailler à l'établissement de l'ordre du Verbe-Incarné, lui annonça que le moment lui semblait venu de mettre la main à l'œuvre. En même temps cette pieuse fille, qui connaissait déjà de réputation Marie-Marguerite, priait la mère de Matel de la lui envoyer pour l'aider dans la sainte entreprise ; ce qui lui fut accordé. Ces dispositions furent pour la sœur Hélène une occasion de s'enrichir de nouveaux mérites par les

actes de résignation qu'elles l'obligèrent à produire.
La fondatrice l'aurait peut-être donnée pour compagne à sa sœur ; mais elle ne put se résoudre à se
priver à la fois de ses deux meilleurs sujets ; et en
se décidant à faire le sacrifice de l'une, elle voulut
garder l'autre pour sa maison de Lyon, où elle lui
était d'un grand secours, à cause de sa prudence et
des bons exemples qu'elle ne cessait de donner à la
communauté. Enfin, le jour du départ de Marie-
Marguerite étant venu, sa sœur Hélène ressentit une
si grande douleur de la cruelle séparation qui allait
avoir lieu, qu'au moment des adieux elle tomba en
défaillance. Cependant cette rude épreuve et l'amer
souvenir qu'elle en conserva, ne lui firent rien perdre
de la fermeté de sa résolution à l'égard de l'ordre du
Verbe-Incarné. Humblement soumise sous la main
de Celui qui voulait la faire mourir à elle-même une
troisième fois, elle continua à marcher avec une ardeur toujours croissante dans les saintes voies de la
perfection. Toutes ses compagnes étaient ravies de
sa régularité, de son activité et de sa sagesse. On
la voyait toujours la première au travail, embrasser
de grand cœur les actions les plus pénibles et remplir à la fois plusieurs offices, tels que celui de portière et de maîtresse des pensionnaires, sans pour
cela s'exempter du travail des mains. Pour subvenir
aux besoins de la congrégation, elle se chargeait tellement d'ouvrage, que presque toujours elle allait se
coucher vers l'heure de minuit. Elle se montrait

propre à remplir toute sorte d'emplois, et, ce qui
est bien précieux pour un établissement qui débute,
les peines, les embarras et les difficultés la trouvaient toujours dans une paix, une tranquillité d'âme
admirable.

La fondatrice avait rappelé Marie-Marguerite de
Paris et l'avait fait partir pour Avignon, à l'effet d'y
établir le premier monastère de l'ordre. Le court
passage de cette révérende mère à Lyon fut un nouveau sujet de tristesse pour la sœur Hélène. Cette
seconde séparation, dont elle ignorait la durée, rou-
vrit dans son cœur la plaie que la première y avait
faite, et ce qui ajouta cette fois à sa douleur, ce fut
de voir qu'il ne lui était pas encore permis de
prendre l'habit de l'ordre. Toutefois elle accepta sa
position avec une résignation parfaite et dans des
sentiments d'humilité, se croyant réellement indigne
de la faveur qui était l'objet de ses désirs, et faisant
de nouveau tous ses efforts, nuit et jour, pour se
rendre utile à la congrégation. Sur ces entrefaites,
elle fut attaquée d'une fièvre maligne, accompagnée
d'un transport au cerveau. L'accès fut si violent
qu'en moins de vingt-quatre heures, elle fut réduite
à l'extrémité et que les médecins perdirent tout espoir
de la sauver. Mais le Seigneur, qui avait de grands
desseins sur elle, ne voulut pas encore l'appeler à lui.
Sa maladie dura quarante jours, pendant lesquels
le P. Gibalin de Villard, son oncle, et plusieurs
autres religieux de la Compagnie de Jésus ne ces-

sèrent de l'assister de toutes les manières. On ne saurait, rapporte-t-on, se faire une idée des souffrances
qu'elle eut à endurer. Le mal était si opiniâtre, qu'on
fut obligé de lui pratiquer des jincisions sur tout le
corps ; ce qu'elle supporta avec un calme héroïque
et sans jamais faire paraître le moindre mouvement d'impatience. Au fort de cette cruelle et longue
épreuve, elle s'adressa à la sainte Trinité, pour laquelle elle avait une dévotion spéciale, la suppliant
de ne pas permettre qu'elle mourût avant de s'être
revêtue des livrées du Verbe incarné ; et il est à
croire, vu le triste état où elle se trouvait, que Dieu
fit réellement un miracle pour exaucer son humble
servante. A l'occasion de son transport au cerveau,
une personne malveillante se permit de dire et de répandre dans le public que la sœur Hélène se trouvait
atteinte d'aliénation mentale. La malade supporta
cette humiliation calomnieuse avec beaucoup de patience, se réjouissant d'être une fois de plus traitée
comme son divin Maître. Néanmoins elle se sentit
vivement piquée à l'endroit le plus sensible , et elle
a, plus tard, avoué à quelques-unes de ses sœurs
qu'après n'avoir jamais été tentée sur sa vocation,
elle le fut cette fois d'une manière si violente, qu'elle
avait failli tout quitter. Enfin, la personne qui l'avait
ainsi noircie, ne pouvant tenir à la vue de son humble
et douce patience, conçut du repentir de sa mauvaise
action et lui fit amende honorable. De son côté, la
sœur Hélène, bien loin de conserver la moindre ai-

greur contre elle, ne cessa de lui donner des marques d'une amitié réelle, lui rendant tous les services possibles.

CHAPITRE III.

On lui permet de prendre l'habit de l'ordre du Verbe-Incarné. Sa nouvelle vêture et sa nouvelle profession. Elle est maîtresse des novices. On l'appelle à fonder le monastère de Lyon.

La mère de Matel, obligée d'aller à Avignon chercher des religieuses pour le second monastère de l'ordre, établi à Grenoble, mit la sœur Hélène à sa place et la chargea du gouvernement de sa maison de Lyon, tant au spirituel qu'au temporel. Mais cette humble servante du Seigneur, qui n'aspirait qu'à se trouver au dernier rang, n'accepta cette marque d'estime de sa supérieure que lorsqu'elle le lui eut commandé sous peine de désobéissance. Aussi, quoiqu'elle eût tous les talents requis pour bien administrer et pour satisfaire soit les personnes du dedans, soit celles du dehors, qui étaient charmées de ses entretiens, elle ne cessa de gémir sous le fardeau qu'on lui avait imposé, pendant les deux ans qu'elle remplaça la mère de Matel. Cependant, ce qui la faisait encore plus souffrir, c'était le retard qu'on mettait à

lui permettre de se revêtir du saint habit du Verbe-
Incarné. Il y avait déjà neuf ans qu'elle était venue
à Lyon, et qu'elle appelait de tous ses vœux l'heureux jour où le divin Maître l'admettrait parmi ses
épouses privilégiées ; mais rien ne semblait encore
lui annoncer l'accomplissement de ses désirs. C'est
pourquoi, un jour qu'elle était plus affligée qu'à l'ordinaire d'une si longue attente, elle fit connaître sa
peine au R. P. Daix, jésuite, en lui disant : «Ah !
« mon père, quand donc jouirai-je du seul bonheur
« vers lequel mon cœur soupire ? — Ayez confiance,
« lui répondit le saint religieux ; dans un an vous
« serez satisfaite. — Vous me parlez de la sorte pour
« me consoler, répliqua la sœur Hélène, mais je n'en-
« trevois aucun motif d'espérer que ce que vous me
« dites aura lieu. — Ma chère fille, ajouta le Révé-
« rend Père, je vous assure que dans un an vous
« verrez l'accomplissement de vos désirs et que vous
« verrez bien autre chose dans dix-sept ans. » Effectivement, à la fin de cette année, la mère de Matel
lui permit de descendre à Avignon pour y prendre
l'habit de l'ordre. Elle partit de Lyon le 16 juillet
1645 et arriva heureusement quatre jours après au
terme de son voyage. Certaines personnes qui se
trouvaient avec elle, allaient en pèlerinage à la Sainte-
Baume ; elles lui proposèrent de la prendre jusqu'en
ce saint lieu et lui promirent, pour l'y engager, de se
charger de tous les frais ; mais elle les remercia fort
poliment, leur assurant que son unique souhait était

de se voir au plus tôt revêtue de l'habit de son ordre.

Le jour de l'arrivée de la sœur Hélène au monastère d'Avignon fut un jour de fête pour toute la communauté. On la reçut comme un bienfait du ciel, parce que l'on connaissait depuis longtemps et ses vertus et ses bonnes qualités. Marie-Marguerite surtout ressentit une joie au delà de toute expression, en voyant que Dieu lui amenait enfin sa bien-aimée sœur, pour lui faire partager le bonheur dont elle jouissait elle-même. On voulait l'admettre immédiatement à la cérémonie de la vêture ; mais elle demanda qu'il lui fût permis de faire auparavant une retraite de quelques jours pour se bien préparer. Ce fut Monseigneur l'Archevêque lui-même qui présida à la cérémonie de la prise d'habit. L'année suivante, le jour de la fête de la Nativité de la sainte Vierge, elle consomma son sacrifice, avec une ardeur insatiable de suivre son divin Époux jusqu'au Calvaire, se donnant à lui sans aucune réserve. Et l'on remarqua qu'elle fut dans la suite si fidèle à sa résolution qu'elle ne laissa passer aucune occasion de mourir au monde et aux choses créées, pour ne vivre que de Jésus-Christ ou reproduire en elle-même la vie de ce divin Sauveur. Quelles que fussent ses occupations, on la voyait toujours en union avec Dieu, toujours attentive à se tenir en sa présence et à n'agir que par des vues de foi. Elle remplit pendant douze ans les offices de portière et d'infirmière, auxquels on ajouta ensuite celui d'économe. Elle était d'une admirable charité à l'égard des malades, restant souvent jusqu'à minuit auprès de leur lit, ce qui ne l'empêchait pas de se lever le matin à l'heure fixée pour toute la communauté. Elle ne manquait à aucun exercice public, malgré les nombreuses affaires qu'en sa qualité de sœur économe elle était obligée de traiter. Les séculiers avec qui elle devait communiquer, étaient ravis de sa sagesse, de son calme, et surtout de sa charité ; car elle ne semblait née que pour faire plaisir à ses semblables et pour compatir aux misères du prochain. Un jour, une voix intérieure, qu'elle prit pour celle de son divin Époux, lui dit d'un ton doux et agréable : «Aie soin de mes filles, et j'aurai soin de toi. » Cette faveur spirituelle ajouta une nouvelle ardeur aux flammes de sa charité. Ne pouvant plus douter que le Verbe incarné ne fît ses délices des religieuses de cet ordre, elle les aima et les assista encore davantage, se sacrifiant jour et nuit à tout ce qui pouvait leur être utile ou leur faire plaisir. En un mot, elle se laissa tellement aller à son zèle pour le bien de ses sœurs, qu'elle en contracta une maladie, qui la fit beaucoup souffrir pendant dix-huit mois : ce qui la mit dans l'occasion de donner à la communauté d'autres exemples d'édification. On avait de la peine à lui faire prendre un peu de repos, et elle continua de s'acquitter de ses emplois et à observer la règle comme auparavant. Son mal ayant exigé un remède assez violent, l'homme de l'art qui lui fit l'opération, fut étonné de sa patience; et quand tout fut fini, elle retourna à son emploi comme si rien ne s'était passé en elle. Pendant seize ans qu'elle demeura à Avignon, elle ne s'approcha du feu que lorsque ses emplois l'y obligeaient.

Après que la sœur Hélène eut passé une douzaine d'années dans divers emplois, comme nous l'avons dit plus haut, on lui confia l'importante charge de maîtresse des novices. Cette fonction fit de plus en plus ressortir le nombre, la solidité et l'éclat de ses vertus; elle montra un don tout particulier pour s'attirer le respect, la confiance et l'amour des jeunes personnes qu'il lui fallait former à la vie religieuse. Rien qu'en la voyant, elles se sentaient naître l'esprit de ferveur et de mortification, et son estime ainsi que son amour pour sa vocation leur inspiraient une vive reconnaissance pour celui qui les avait appelées. Elle leur disait souvent : « Mes chères sœurs, tout est doux et facile à une âme qui aime et chérit sa vocation. » Cependant, tandis que la révérende mère Marie-Marguerite s'applaudissait plus que jamais du bonheur qu'elle avait de posséder sa bien-aimée et sainte sœur dans sa maison, la fondatrice vint la lui enlever, pour en faire la pierre fondamentale du monastère de Lyon, qu'il lui était enfin permis d'établir. Cette mesure de la mère de Matel atteignit à l'endroit le plus sensible et la supérieure d'Avignon et sa maîtresse des novices. Elles se résignèrent néanmoins à ce sacrifice; mais ce ne fut qu'en se faisant la plus grande violence. La sœur Hélène disait souvent que, si Dieu eût été aussi glorifié de l'un que de l'autre, elle aurait choisi d'entrer toute vivante dans un sépulcre plutôt que de retourner à Lyon. Aussi, quelque temps avant son départ, il fut donné à une personne favorisée des dons d'en haut, de la voir sur une grande croix, les pieds et les mains étendus sur cette mystérieuse couche, tandis qu'une autre sœur agonisait à ses côtés. On pensa que cette sœur était la mère de Rhodes, qui a pris une grande part à l'établissement du monastère de Lyon. Peu de jours avant de se mettre en route, et au sortir de la messe où elle avait communié, la mère Hélène allait rendre service à une malade; elle se sentit comme poussée par une main invisible et tomba du haut de l'escalier jusqu'en bas. Au bruit de sa chute, on accourut promptement à son secours, et en la relevant toute meurtrie, ses sœurs ne furent pas plus affligées de la voir souffrir beaucoup, qu'elles ne furent édifiées de sa patience et de sa douceur. On a cru que, comme on le voit assez souvent dans la vie des saints, le malin esprit était l'auteur de cet accident; il voulait sans doute empêcher le grand bien que cette servante de Dieu allait opérer à Lyon.

CHAPITRE IV.

Son départ d'Avignon et son voyage. Elle établit le monastère
de Lyon.

La mère Hélène partit, le 16 mars 1661, d'Avignon,
où il y avait près de dix-sept ans qu'elle faisait le
bien. Ainsi s'accomplit à la lettre la prédiction qu'en
1645, le P. Daix, jésuite, lui avait faite à Lyon, en
lui disant : « Je vous assure que dans un an on
vous permettra de prendre l'habit, et que dans dix-
sept ans vous verrez bien autre chose. » Ce fut une
scène des plus attendrissantes que le moment de la
séparation ; toutes les sœurs fondaient en larmes, en
se voyant enlever une mère qu'elles aimaient tendrement et en qui elles avaient mis toute leur confiance. Il n'en coûtait pas moins à la sœur Hélène
de se séparer de sa digne sœur Marie-Marguerite,
qu'elle regardait à juste titre comme sa mère spirituelle. Enfin, cette révérende mère elle-même ressentit une si grande affliction que, étant allée immédiatement après offrir sa peine au Verbe incarné,
au pied de son autel, le divin Maître daigna, pour la
consoler, lui apparaître sous la forme d'un petit
enfant, et lui dit avec un doux sourire : « Ta sœur
« m'est nécessaire à Lyon, je serai glorifié en elle et
« par elle : avec l'aide des filles soumises à sa direc-

« tion, elle accroîtra ma gloire en exaltant mon or-
« dre. » Parvenues un peu au delà de la moitié du
trajet qu'elles avaient à faire, la mère Hélène et sa
compagne coururent grand risque de perdre la vie.
Le 19 mars, fête de saint Joseph, à un quart d'heure
de Saint-Valier (Drôme), et dans un très-bon chemin,
il s'éleva tout à coup un vent si violent, qu'il souleva
la voiture et la jeta dans un pré, qui se trouvait plus
bas que la route d'environ dix pieds; le véhicule
aurait même roulé beaucoup plus bas, s'il ne s'était
accroché à un petit arbre. Dès qu'elle s'aperçut de
l'accident, la mère Hélène s'écria : « Notre-Dame des
Sept Douleurs, venez à notre secours,» et ce fut
sans doute ce cri de foi et de confiance qui sauva
tout le monde; on se trouva quitte pour une bonne
frayeur et pour un séjour de quelque temps en
cet endroit, afin de raccommoder ce qui s'était dé-
rangé. Quand on fut arrivé à Saint-Valier, les deux
sœurs, suivies de leurs compagnons de voyage,
allèrent dans une église des Révérends Pères du
Tiers-Ordre, où il y avait une belle chapelle de
Notre-Dame des Sept Douleurs, y firent dire une
messe et offrirent un cierge à Celle qui venait de les
délivrer d'un si grand danger.

La mère Hélène arriva à Lyon le 21 du mois de
mars; elle y fut reçue de la mère de Matel avec une
vive joie et une sincère affection. Le lendemain,
Mgr l'Archevêque vint au monastère avec M. de
Saint-Just, son vicaire général, et le R. P. Gibalin.

Ce prélat fit assembler toute la communauté, et après une exhortation qu'il adressa aux pieuses filles qui la composaient, il nomma pour supérieure la mère Hélène de Jésus Gibalin de Villard, et lui donna pour assistante la mère Louise de Rhodes, venue avec elle d'Avignon ; ce qui fut accepté par toutes les sœurs avec une parfaite satisfaction. Ce fut alors surtout que s'accomplit la prédiction que Notre-Seigneur avait faite jadis à Marie-Marguerite, en lui disant que « sa sœur la suivrait un jour sur le Calvaire. » Elle eut en effet dans l'établissement du monastère de Lyon beaucoup de tribulations à subir : persécutions, maladies fréquentes, manque des choses même nécesaires, rien ne lui fut épargné ; mais elle supporta avec courage et générosité toutes les épreuves auxquelles il plut au Seigneur de la soumettre. Il lui fallut lutter deux années entières pour initier à la vie religieuse les filles qu'on lui avait données, et pour les amener à vivre selon la lettre et l'esprit des constitutions de l'ordre ; et même six ou sept d'entre elles, s'étant laissé gagner par le mauvais esprit, poussèrent l'insubordination jusqu'à la contrarier dans toutes ses dispositions, et même à composer des chansons contre elle. Cependant elle apprenait tout cela avec calme ; et quand on lui reprochait sa trop grande bonté, elle répondait : « Il « faut prendre patience, mes chères sœurs, on me « traite comme je le mérite ; Dieu se sert de ce « moyen pour me purifier, il tient plus à ma perfec-

« tion qu'à toute autre chose. L'heure de Dieu n'est
« pas encore venue. Tout ce qu'on me dit n'est rien
« auprès de ce qui m'est dû. » Les événements firent
voir que ces paroles étaient vraiment le langage
d'une profonde sagesse ; dans le courant des deux
premières années, les personnes qui la contra-
riaient s'expulsèrent d'elles-mêmes, l'une après l'autre, et la laissèrent parfaitement libre pour mettre
sa maison sur le même pied que le monastère d'A-
vignon. Elle était infatigable au travail, quoiqu'elle fût presque toujours souffrante, par suite de
violentes coliques qui lui durèrent l'espace de vingt
années consécutives. Comme le personnel était peu
nombreux, elle exerça avec sa charge de supérieure
celle de dépensière, aidant même souvent la sœur
cuisinière dans ses travaux les plus pénibles et les
plus humiliants ; ce qui ne contribuait pas peu à
donner à ses filles une ardeur de plus en plus grande
pour s'exercer à la pratique des vertus solides.

CHAPITRE V.

Ses vertus héroïques.

Ce que l'on admirait le plus dans la conduite de la
mère Hélène, c'était son grand amour pour Dieu ;
elle faisait consister cette vertu dans une entière et

parfaite soumission à la volonté divine : « Je préfère
« à tout, disait - elle , l'accomplissement de cette
« sainte volonté ; j'aimerais mieux mourir que de me
« conduire selon'mon amour-propre, même une seule
« fois ; quelque peine que j'éprouve parfois à exécuter
« ce qui m'est commandé, s'il ne me fallait qu'un
« seul de mes cheveux pour me délivrer de cette peine,
« je ne le donnerais pas. Le Verbe incarné a dit que sa
« nourriture était de faire la volonté de son Père ; il
« doit donc aussi en être de même pour ses épouses. »
De son côté, le divin Epoux, après l'avoir ainsi fortement assise sur la pierre ferme de son amour, la
faisait de temps en temps passer dans ces voies difficiles par où il a coutume de conduire les grandes
âmes qui se sont données à lui sans réserve. Elle
dit un jour à sa chère confidente, la mère de Rhodes :
« Il me semble que mon corps est à Lyon et que mon
« Dieu est à Avignon, tellement il me paraît éloigné
« de moi : ce n'est que par la foi que je puis agir. »
Une autre fois, la même religieuse, l'ayant rencontrée
priant dans le chœur, la trouva si abattue, qu'elle en
fut saisie de compassion et lui dit : « Ma bonne
« mère, qu'est-ce donc que vous avez ? Vous trou-
« veriez-vous mal par hasard ? — Ah ! ma chère
« sœur, lui répondit-elle, je souffre dans mon inté-
« rieur les douleurs de l'agonie : pour vous faire
« une idée de mes peines, figurez-vous le triste état
« de ces pauvres gens que l'on a condamnés à périr
« sur un gibet et que l'on mène au lieu de leur sup-

« plice. » Cependant, au plus fort même de ces grandes tribulations, elle n'en faisait rien connaître au dehors, se montrant par sa constante égalité d'âme la fidèle imitatrice du silence du divin Maître dans ses souffrances intérieures et extérieures. Également, malgré les sécheresses qu'elle éprouvait en l'oraison et la quasi-impuissance où elle était d'avoir une pensée de Dieu, au lieu d'abandonner ses saints exercices, elle les prolongeait au contraire, soupirant d'autant plus vers son aimable Époux qu'il semblait davantage la fuir. Quand ses occupations l'empêchaient de vaquer à l'oraison, au temps marqué par la règle, elle s'empressait de réparer cette brèche avec usure; elle n'aurait pas voulu, dit-on, pour tout au monde, en perdre la valeur d'un *Miserere*. Dans les dernières années de sa vie, elle ne vivait que de ce pain délicieux, passant des journées entières devant le Saint-Sacrement.

La digne sœur de la mère Hélène, la révérende mère Marie-Marguerite, ayant appris le mauvais état de sa santé, lui écrivit pour l'engager à retourner au monastère d'Avignon; mais elle lui répondit : « A « Dieu ne plaise que je m'ôte de dessus la croix où « il lui a plu de me clouer! Je mourrai dans ma « peine, je ne la quitterai jamais, si un ordre du « ciel ne m'est signifié d'agir autrement. » Il lui en aurait d'ailleurs coûté beaucoup de s'éloigner de sa chère maison de Lyon; elle aurait, disait-elle, donné mille vies pour la consolation de ses filles spirituelles, qu'elle aimait d'autant plus qu'elle les avait enfantées dans la douleur. Mais, si elle était dévouée à ses sœurs de Lyon, à leur tour, elles n'avaient pas moins de vénération et de reconnaissance pour leur mère, ne doutant pas qu'elles ne lui fussent redevables de leurs progrès dans la perfection, aussi bien que de tous les avantages matériels dont elles jouissaient. Néanmoins, malgré son mérite et les innombrables services qu'elle avait rendus, la mère Hélène, bien loin de s'attribuer le moindre succès, se regardait au contraire, non-seulement comme un membre inutile, mais encore comme une pauvre pécheresse qui n'était propre qu'à gâter l'œuvre de Dieu ; ce qu'elle disait dans les sentiments de l'humilité la plus sincère. Quoiqu'elle eût beaucoup d'esprit et de jugement, elle n'avait que du mépris pour elle-même et pour ses propres idées ; elle ne faisait jamais rien sans prendre conseil, et les avis des autres lui paraissant toujours meilleurs que les siens, elle s'y soumettait avec une édifiante facilité. L'oubli, le mépris, les insultes même lui étaient plus agréables que les bons sentiments qu'on lui témoignait. Une dame de la ville vint un jour lui présenter, comme pensionnaire, sa fille âgée de dix-huit à vingt ans ; mais la mère Hélène, sachant que cette demoiselle était un esprit volage et indocile, ne voulut pas la recevoir, de peur que sa société ne fût nuisible aux autres pensionnaires. Cette dame, fortement choquée de ce refus, se mit à lui dire : « Vous êtes

« indigne de gouverner un établissement ; vous
« n'êtes qu'une étrangère , une personne sans aveu
« et sans qualité; je vous ferai bien laver la tête par
« M. l'abbé de Saint-Just, vicaire-général; » et plusieurs autres propos de cette espèce, que la révérende mère écouta avec son calme accoutumé, se
contentant de lui répondre : « Madame, tout ce
« que vous me dites est très-vrai, je suis on ne
« peut plus indigne d'être à la tête de la maison ; les
« défauts que vous me reprochez ne sont que trop
« réels. » Elle sortit du parloir en riant et raconta à
ses sœurs la scène qui venait d'avoir lieu. « Cette
« dame, leur dit-elle, m'a traitée comme je le mérite,
« je vous assure qu'elle me connaît mieux que per-
« sonne. »

Lorsque la mère Hélène eut cessé d'être supérieure, elle ne faisait jamais la communion sans en
demander la permission à la religieuse qui lui avait
succédé; et en sollicitant cette grande grâce, elle
demandait aussi à la mère supérieure pardon et
pénitence pour les fautes qu'elle croyait avoir com-
mises. Lorsqu'elle disait sa coulpe, elle faisait ressortir ses fautes dans les termes les plus humiliants,
et il suffisait d'un seul manque de ponctualité pour
qu'elle s'empressât de s'accuser et de demander une
pénitence. La vertu d'humilité qu'elle possédait à
un degré si éminent produisait en elle une grande
défiance d'elle-même et une grande confiance en
Dieu. « De moi-même, disait-elle, je ne puis rien,

« mais je puis tout avec la grâce de Dieu, à qui rien
« n'est impossible ; celui qui s'est confié en Dieu n'a
« jamais été confondu. » Quelque temps après l'établissement du monastère de Lyon, on lui présenta
une demoiselle avec dix mille livres de dot ; elle
refusa de lui ouvrir la porte du monastère, parce
que sa réputation n'allait pas de pair avec sa fortune. Cette révérende mère aima mieux rester dans
une pauvreté voisine de la détresse que d'exposer la
maison à perdre tant soit peu de cette bonne odeur
de vertu et de sainteté qui en était le plus bel apa-
nage. « Rien ne nous manquera, disait-elle, si nous
« servons le Seigneur avec fidélité, et si nous préfé-
« rons ses intérêts aux nôtres. » Aussi, sans doute
pour récompenser sa grande confiance, Dieu lui
donna la consolation de voir avant de mourir sa
maison en bon état. La pauvreté était encore une de
ses vertus favorites ; elle a toujours voulu user ses
habits autant que possible. Elle regardait comme un
honneur pour un religieux qui a fait vœu de pauvreté, de porter des vêtements conformes à son saint
état. Elle disait à ses sœurs : « Si, après ma mort,
« vous venez à vous relâcher sous ce rapport, et si
« Dieu daigne me le permettre, je reviendrai et je
« ferai tant de bruit, que je vous forcerai de recon-
« naître votre faute. » Après sa mort, quand on
voulut l'ensevelir, on ne trouva rien de plus pauvre
que sa propre robe ; et sa tunique était tellement
chargée de pièces qu'on la donna à un pauvre. Elle

tenait cependant beaucoup à la propreté, qui paraissait toujours très-grande dans ses habits, ainsi que dans ses petits meubles, et elle ne cessait de la recommander à ses filles. Elle mettait toute son attention à conserver son cœur dans la plus grande pureté possible; et, pour cela, elle avait fréquemment recours au sacrement de pénitence; elle le recevait avec des dispositions si parfaites, que ses confesseurs en étaient ravis d'admiration, ainsi qu'ils l'ont déclaré plus tard. Elle ne pouvait souffrir le déguisement et exhortait souvent ses sœurs à la simplicité. « Une âme qui est humble, leur disait-elle, est bien « aise que l'on connaisse ses défauts. » Mais c'était encore plus par ses exemples que par ses discours qu'elle leur apprenait à porter sans cesse leur cœur entre leurs mains.

Après avoir été délivrée de la charge de supérieure, la mère Hélène se faisait surtout admirer par son obéissance. Durant tout le cours de sa vie religieuse, elle a été d'une irréprochable ponctualité dans l'observation des règles; elle aimait et chérissait toutes ses sœurs, sans faire acception d'aucune, se montrant toujours disposée à leur être utile et même à leur faire plaisir, leur rendant la vie douce autant que possible et ne cessant de leur dire, pour les encourager à souffrir, qu'*il faut servir le bon Dieu avec joie et allégresse*. Sa douceur était si grande, qu'on ne s'aperçut pas qu'elle eût jamais fâché quelqu'une des sœurs, quand elle était obligée de les reprendre

de leurs fautes. Elle avait une aversion mortelle
pour la médisance. Ne parlant elle-même jamais des
défauts du prochain, elle ne pouvait supporter qu'on
en dît le moindre mal. Pleine de compassion pour
les pauvres, qui sont les membres de Jésus-Christ,
elle leur faisait donner de fréquentes aumônes et
aussi copieuses que les besoins de la maison le permettaient. S'il lui arrivait d'éprouver certains sentiments d'aversion pour quelqu'une de ses sœurs,
elle en recherchait la compagnie au moment des
récréations. Nous avons déjà fait observer qu'au
milieu de ses souffrances, elle ne se plaignait jamais;
ce n'était qu'à l'extrémité qu'elle se décidait à faire
connaître sa situation : elle disait que l'on perd beaucoup de mérite en n'imitant pas le silence de Notre-
Seigneur Jésus-Christ sur ses diverses douleurs.
Mais ce fut surtout dans les quatre dernières années
de sa vie qu'elle se montra héroïque dans sa patience;
les violentes coliques qu'elle éprouvait depuis
longtemps ayant redoublé d'intensité, il lui arrivait
souvent de passer la nuit sans goûter le moindre
repos ; mais elle aimait mieux souffrir durant toute
la longueur de la nuit que d'appeler à son secours la
sœur converse qui couchait dans sa chambre. D'un
autre côté, quand elle recevait quelque assistance de
la part de ses sœurs, elle leur témoignait une vive
reconnaissance, leur disant aussi avec humilité
qu'elle n'était bonne qu'à leur donner de la peine.
Quelle que fût la violence du mal ou la grandeur de

ses peines, elle ne priait jamais le Seigneur de l'en délivrer, et on ne la vit jamais manifester le moindre mouvement d'impatience.

La mère Hélène avait une grande dévotion envers l'auguste mystère de la très-sainte Trinité. Toutes les fois qu'elle y pensait, elle se sentait tout embrasée d'amour et de reconnaissance, et le dimanche où l'église en célèbre la fête, elle passait toute la journée dans la retraite pour contempler avec une plus grande attention les grandeurs et les amabilités des trois personnes divines. Elle éprouvait encore un vif et généreux amour pour Notre-Seigneur Jésus-Christ dans le saint sacrement de l'autel, et un désir vraiment passionné de s'unir à lui par la sainte communion. Souvent, après avoir passé la nuit dans l'insomnie et les souffrances les plus cruelles, l'amour, lui donnant des forces et lui faisant oublier le besoin de repos, l'obligeait à se lever pour aller s'asseoir à la Table sainte ; son séjour ordinaire et favori, lorsque ses occupations le lui permettaient, c'était la maison de son divin Époux. Quand on la cherchait, on était sûr de la trouver en adoration devant le Saint-Sacrement, ne se rebutant pas des aridités que le divin Maître lui faisait quelquefois ressentir, même en sa présence. Son plaisir était de travailler pour l'ornement des autels et l'ameublement de la sacristie, et elle veillait soigneusement à ce que la propreté régnât partout dans le lieu saint. Elle se faisait encore remarquer par une dévotion toute filiale envers Marie. Cette divine Mère, qui possédait entièrement sa vénération, sa confiance et son amour, la trouvait toujours zélée pour sa gloire, attentive à l'invoquer, et fidèle à l'imiter. Tous les jours, le soir et le matin, elle la voyait venir au pied de son autel pour lui demander sa bénédiction, selon la louable coutume que les enfants de bonne famille observent à l'égard de leurs parents. Saint Joseph, saint Joachim et sainte Anne avaient aussi une grande part dans ses saintes affections; elle ne passait aucun jour sans réciter quelques prières en leur honneur. Enfin, elle célébrait avec un saint empressement toutes les fêtes que l'Église prescrit ou propose à la piété des fidèles; et plus les mystères qu'elle avait à vénérer étaient difficiles à croire, plus aussi, disait-elle, elle se sentait disposée à les croire fermement.

CHAPITRE VI.

Derniers temps de sa vie. Sa sainte mort.

Dans le mois de janvier de l'an 1680, les sœurs du monastère de Lyon voulurent de nouveau se mettre sous la direction de leur ancienne et chère mère Hélène de Jésus. Elle se rendit, malgré son âge avancé, à l'expression solennelle de leur désir;

mais en acceptant le fardeau qu'elles lui imposaient, elle leur dit : « Vous m'avez choisie de nouveau « pour votre supérieure, mais ce sera pour la der- « nière fois ; je sens que j'ai peu de temps à vivre. « Je me suis résignée à accepter, dans la pensée « que c'est pour moi une attention, que je suis loin « de mériter, de la part de la miséricorde divine. Je « ne suis, vous le savez, qu'une pauvre misérable, « chargée de péchés et d'infidélités de toute espèce : « il me faudrait sans doute cent ans de purgatoire « pour m'acquitter entièrement aux yeux du souve- « rain juge. Eh bien ! pour me fournir le moyen de « payer mes dettes plus facilement, il a permis que « je fusse encore nommée supérieure, parce qu'en « mourant dans cette charge, on fera beaucoup plus « de prières pour le repos de mon âme. » Cepen- dant, tout en se promettant de nombreux secours après son décès, de la part de ses pieuses sœurs en religion, elle n'en travailla pas moins à se préparer de plus en plus au grand passage de la vie à l'éter- nité. Dès lors on la vit plus que jamais exacte à vaquer à tous les exercices de la communauté. Nonobstant son grand âge, et quelque temps qu'il fît, elle se levait à cinq heures du matin ; quelquefois, néanmoins, on l'obligeait à prolonger un peu son repos, à cause de ses infirmités ; mais elle n'usait guère de la faculté qu'on lui avait accordée, disant qu'il ne valait pas la peine qu'elle donnât tant de soin à sa santé, puisqu'elle avait peu de temps à

vivre. Depuis son élection, aussi, on s'aperçut qu'elle
visitait plus souvent le saint sacrement de l'autel et
qu'elle passait de plus longs moments auprès de son
Dieu. Il y avait déjà plus d'un an qu'elle se disposait
ainsi à subir l'heure dernière, lorsque le Seigneur,
soit pour l'avertir d'une manière plus claire, soit
pour lui fournir une nouvelle occasion de s'enrichir
pour le ciel, ajouta à ses anciennes et rudes souffrances un si grand dégoût pour toute espèce de
nourriture, que tout ce qu'elle prenait se changeait
pour elle en amertume. Cette nouvelle indisposition
ajouta encore à sa faiblesse, mais ne put la faire se
relâcher en rien de sa régularité ; elle ne voulut pas
permettre que, sous le rapport du manger, on la
traitât autrement que la communauté. Lorsque la
violence de ses coliques l'obligeait à garder le lit,
elle ne demandait même pas à boire, il fallait qu'on
la prévînt ; et, quant aux douceurs qu'on donne ordinairement aux malades, elle les refusait, sous prétexte qu'elle s'en trouvait plus mal que bien.

Nous touchons enfin aux derniers instants de la
vénérable mère Hélène. La deuxième nuit avant sa
mort, elle se trouva plus agitée et plus souffrante
que d'ordinaire. C'est pourquoi la mère de Rhodes
la pria de vouloir bien ne pas se lever ; mais elle lui
répondit : « Oh ! ma chère mère, laissez-moi aller
entendre la sainte messe et faire la communion. » En
parlant ainsi, elle avait comme un pressentiment que
ce serait pour la dernière fois ; ce qui ne fut que trop

vrai. Elle asssista encore, ce jour-là, à tous les exercices, ainsi qu'à tous les offices de la communauté, et passa presque tout le reste du temps à la chapelle. Enfin, vers les six heures du soir, elle alla avec la mère de Rhodes à la sacristie pour remercier les deux Pères Jésuites qui étaient venus entendre les confessions ; puis elle vint, en rentrant dans l'église, se prosterner devant le Saint-Sacrement ; et, après y avoir prié quelques instants avec ferveur, elle alla en faire autant à l'autel de la sainte Vierge. Or, tandis qu'elle était à prier la bonne Marie, la mère de Rhodes, s'apercevant qu'elle portait la main à la tête, lui dit : « Qu'avez-vous, ma mère? Vous trouvez-vous mal ? — Ah ! répondit-elle, la tête, les yeux... » Telles furent ses dernières paroles. On s'empressa de lui donner tous les soins et tous les remèdes possibles ; on se mit aussi en prières et l'on fit prier ; mais cette révérende mère, se trouvant un fruit mûr pour le ciel, rendit sa belle âme à Dieu, le lendemain vendredi, à sept heures du matin ; c'était le 2 mars de l'an 1683. Elle était âgée de soixante-treize ans, et en avait passé cinquante-six dans la religion. Un des vicaires-généraux présida à la cérémonie des funérailles, et tous les membres du chapitre voulurent y assister.

Tous les Pères Jésuites de Lyon célébrèrent une messe pour le repos de son âme. Quelques-unes des sœurs qu'elle avait laissées dans le monde, ayant eu recours à son intercession auprès de Dieu, en ob-

tinrent de grandes grâces, surtout pour leur perfection particulière. Un excellent religieux de la Compagnie de Jésus, qui l'avait vue quelquefois, déclara
qu'il ne l'avait jamais quittée sans s'être senti édifié
et éclairé ; que c'était une grande âme et une sainte
religieuse ; qu'elle n'agissait que par des motifs surnaturels, la nature n'ayant aucune part dans ce
qu'elle faisait.

Bonne mère Hélène, joignez-vous là-haut à votre
sainte sœur Marie-Marguerite ; priez toutes les deux
pour les fidèles imitatrices de vos vertus, les religieuses de votre ordre chéri ; priez pour la ville et le
pays qui vous ont donné naissance ; priez pour vos
dignes arrière-neveux ; priez enfin pour celui qui
s'est essayé à retracer vos deux édifiantes vies.

FIN

TABLE.

VIE DE LA R. M. MARIE-MARGUERITE DE JÉSUS.

PREMIÈRE PARTIE.

DEUXIÈME PARTIE.

TROISIÈME PARTIE.

QUATRIÈME PARTIE.

NOTICE SUR LA VIE DE LA R. M. MARIE-HÉLÈNE DE JÉSUS.

PARIS. — IMPRIMERIE DIVRY ET C⁽ᵉ⁾,

rue Notre-Dame des champs, 39